磯崎康一 [JEWEL]

店販バカ 売れ100の アクション

JOSEI MODE

はじめに

　美容室経営の専門誌『美容の経営プラン』で最初の連載がスタートしてから3年、前著『1人サロンの繁盛法則』が世に出てから2年。その間、セミナーやSNSなどを通じ、全国さまざまな美容師の皆さんと知り合うことができましたが、その中でよく尋ねられたのは、「磯崎さんは店販品を売りまくっているということですが、どうしたら売れるんですか？」というものでした。

　こういった質問を受ける背景には、多くのサロン・美容師にとって「店販は苦手」「店販品が売れない」という意識があるのだと思います。

　美容師は、お客さまをより美しくし、より楽しい生活を送っていただくためにも、美容のプロとして最適な店販品を紹介し、使ってもらうことが責務だといえます。しかし、「店販は苦手」「店販品が売れない」ということは、その責務を果たせていないともいえます。

　では、なぜ苦手なのか。なぜ売れないのか。

その理由は、売れない行動（アクション）をしているから。

売れる行動（アクション）をすれば、店販品は飛ぶように売れていきます。

そこで本書では、お客さまに自ら「店販品を買いたい」と思っていただくために、私が実際に取り組み、成果を上げたアクションから、100個を厳選して紹介します。ぜひ、あなたのサロンでも実践してください。店販品が「バカ売れ」します。

[本書の使い方]

「PROBLEM」では、店販品が売れない原因や、店販に関する疑問、売れるために考えてほしいことなどを挙げています。どうしたら問題を解決できるのか？　さっそくページをめくりましょう。「SOLUTION」で、その原因や問題点を解消し、店販が「バカ売れ」する具体的なアクションをお伝えします。

●通読して「店販が売れるアクション」を身に付けるために
●朝礼での読み合わせに　　●入客前の復習に

ぜひご活用ください。

店販バカ売れ100のアクション　目次

CONTENTS

第 1 章　店販品が売れまくる逆転の思考法　005

第 2 章　店販品を買いたくなる「仕掛け」と「行動」　049

第 3 章　お客さまを買う気にさせる会話術　113

第 4 章　「売れる」を「バカ売れ」に変えるダメ押しアクション　177

第 1 章

店販品が売れまくる
逆転の思考法

TAKE ACTION!

PROBLEM
1

店販品が売れない、その根本的な原因を解消するには?

「店販品が売れない!」と悩んでいるならば、まずはあなたが今扱っている店販品の陳列を見てみよう。そのキーワードは**「あなたにとって、何?」**。

SOLUTION 1

お客さまに買ってほしい店販品、使ってほしい店販品だけそろえよう

今扱っている店販品が、あなたにとって**「お客さまに使ってほしいもの」**であるならばOK。そうでない店販品は、経営者なら扱いを取りやめ、スタッフならそれをお客さまへ紹介しないという選択肢も考えよう。

[詳説]

周囲の美容師やディーラーから「この店販品が今売れている」といった情報を聞いて、導入した店販品はありませんか？ そういう店販品は、結局はお客さまへすすめることなく、在庫棚の肥やしになりがちです。逆に、ぜひお客さまに使ってほしい店販品なら、セールストークもたくさん思い付くので、自然に売れます。

PROBLEM
2

店販が売れまくる「王道」とは?

店販が売れまくるサロンは、何をしているか? それは**「王道」ともいえる、シンプルなこと**なのだが、それは何だろうか?

アクション

SOLUTION 2

「誰でも売れる商品」を、死ぬほど売る!

売りづらい店販品を売ろうとしても、なかなか売れるものではない。そうではなく、**売れる店販品、お客さまが買ってくれる店販品を、たくさん売る**。これが「店販バカ売れ」の基本中の基本だけ。

[詳説]

「売れる店販品」「お客さまが買ってくれる店販品」とは何か? それは「お客さまがすでに気に入って、買ってくれる店販品」です。元々買っていない店販品をゼロから売るよりもはるかに楽です。もう一つは、「お客さまにとって面倒ごとを省いてくれる、便利な品」。お客さまが何に対して不便と感じているかを読み取り、不便を解消する店販品を用意しましょう(その具体策は2章以降で紹介します)。

PROBLEM
3

店販品が売れる美容師は、お客さまにとって○○?

店販品が売れるサロン・売れる美容師は、売れないサロン・売れない美容師と何が違うのか。それは、お客さまにとって**「ある存在」になる努力をしているか否か**の違いにある。それは何だろうか?

SOLUTION 3

お客さまの「御用聞き」になろう

お客さまから**「ヘアに関することなら、このサロン(美容師)に相談すればいい」と思われる存在になること**が、店販品の売れるサロン(美容師)の共通項だ。

[詳説]

家電量販店に比べれば割高で品ぞろえも少ないのに、街の小さな電気屋さんにお客さまがつく、その理由は、お客さまの家にどんな家電製品があり、どの種類の電灯を使っているかを把握し、「御用聞き」としてニーズを探り、提案しているから。サロンも同様で、お客さまの悩みやニーズを把握・理解して的確な提案ができ、またお客さまも気軽に相談できる存在となれば、自然に店販品が売れていきます。JEWELでも、お客さまには「気になることがあれば何でも、いつでもいいからメールや電話をして」と伝えており、「御用聞き」として相談を受けています。

PROBLEM
4

店販品が売れまくるサロンに「必ずあるもの」とは？

「店販が苦手」「店販品が売れない」というサロンや美容師には存在せず、**店販品が売れまくるサロンには必ず存在するもの**。それは何だか分かるだろうか？

店販品をなぜ売るか・なぜ買っていただけるかに関する「マイ理論」を持とう!

なぜ私たち美容師は店販品を売るのか。
店販品をどのように売れば、売れていくのか。
なぜお客さまが買いたくなるのか。
こういった、**店販にまつわるマイ理論**を持つと、説得力が増し、店販品が売れ始める。

[詳説]

「マイ理論」とは、店販に関する自分たちの教科書であり、店販がうまくいかないときや、迷ったときに立ち戻る軸です。また、マイ理論を持った上で店販に取り組むことによって、その理論に共感を抱くお客さまが必ず現れ、ファンになってくださいます。なお、マイ理論は、あくまで現時点での最善ではありますが、日々の取り組みや出来事などを通じ、より良いものへと進化させてください。本書の目的も、著者(磯崎)のマイ理論をお伝えすることで、読者の皆さんがマイ理論を構築する際の一助となることにあります。

PROBLEM
5

品質のいい店販品を そろえても売れない。 何を打ち出すべき?

「サロンで扱っている店販品の品質や機能は、一般市販品より優れている」ことは確かに実感しているし、**その良さや価値を積極的に伝えているつもりなのだけれど**、店販購入者比率は1ケタ台前半。アピールが足りないのだろうか?

アクション

SOLUTION 5

「あなた(=美容師)が品質のいい店販品を選んだ」という価値を打ち出そう

「店販品の最大の価値は、優れた品質や機能にある」という言葉は、間違ってはいないが、「お客さまが店販品に対して最初に感じる価値」という視点では、実は的外れ。お客さまは、<u>「私が抱えている問題を解消するためにプロの美容師が選んでくれた」という価値</u>を見て購入している。

[詳説]

さらに言うと、お客さまは、店販品の品質を実感していなくても、「あなた=美容師がすすめるなら、いい製品だろう」という思惑だけで購入することもあります。品質や機能は、思惑通り(あるいはそれ以上)だったときに、次の購買を促すもの。そこを間違えて、品質や機能ばかりアピールしても売れません。

PROBLEM 6

なぜ売れるか・売れないかが分からない!

店販に取り組んではいて、売れたり売れなかったりするけれど、**なぜ昨日は売れたのか、なぜ今日は売れなかったのかが分からず**、思うような結果が付いてこない……。

アクション

自己分析して、「売れるルール」を見つけよう

どんなタイプ人に、どういった説明・提案をしたら、売れたのかを思い出してみよう。すると、「こういうタイプの人に、こういう提案をしたときに売れた」という傾向が見えてくる。**「売れた提案」とは、「これからも売れる提案」**。これを見つければ、効率的に売れていく。

[詳説]

とはいえ、頭の中で全部の会話を覚えておくわけにはいかないので、「このお客さまに、こう話したら売れた」という会話メモをノートなどに記すことをおすすめします。このノートの中身を分析すれば、あなた独自のルールが見つかります。なお、本書も実は、このノートから見つけたルールが元ネタとなっています。

PROBLEM
7

店販品が売れる「くせ」とは？

店販品が売れないサロン・美容師には、**ある「くせ」が足りていない**。その「くせ」とは？

SOLUTION 7

提案・説明を習慣づけて「売りぐせ」をつけよう

毎日、お客さまに提案・説明し、**「売りぐせ」**をつけよう。最初は売れなかったとしても、「売れなかった」という残念な気持ちが、次の提案・説明トークを磨いてくれ、必ず売れる日が訪れる。

[詳説]

これは実は、特に経営者目線では意外な盲点。「店販に取り組もう」と声を掛けて、ロープレをしても売れないのは、「売る（提案・説明）」という行為が単発で終わっているからです。必要なのは、「売る技術」以上に、「売る習慣（売りぐせ）」。売りぐせがつけば、自然と「売る技術」が磨かれ、「売れぐせ」へと変わっていきます。ただし、売れない日々が続くと、特にスタッフは提案・説明するという気持ちが萎えてしまいます。経営者自ら率先して「売りぐせ」をつけ、「売れぐせ」としていくことが重要です。

PROBLEM
8

店販バカ売れにつながる、もう一つの「くせ」?

店販が売れないサロン・美容師は、「売りぐせ」をつけるのと同時に、**もう一つ「くせづけ」すべきこと**がある。それは何だろうか?

お客さまに「買いぐせ」を つけよう!

お客さまに**「このサロンは、店販品を買うところ」**という意識を持ってもらえば、店販品は自然に売れていく。そして、その意識をつける、最も効果的な方法は、**「このサロンで店販品を買った」**という実績だ。

[詳説]

あなたに行きつけの飲食店があるなら、こんな経験はないでしょうか? 最初に入ったときは、おすすめ料理などの説明をいろいろ聞き、その説明に納得して初めて注文したけれど、行きつけになってからは、「今日、おすすめがありますよ」「じゃあ、それで」と、説明どころか料理名も聞かずに注文する……。これが「買いぐせ」です。お客さまに「買いぐせ」がないうちは、説明はなかなか響きませんが、買いぐせがつくと、簡単な説明と提案で勝手に売れます。買いぐせは、「ここで買った」という事実からのみ生まれます。「最初の1個」を買ってもらうことが重要です。

PROBLEM
9

「買いぐせ」をつけるために、訴求すべきものとは？

お客さまに店販品の「最初の1個」を買ってもらうことが重要ということは分かったけれど、そもそも、**その最初の1個が売れない!**

アクション

「利便性」も訴求しよう!

店販品は美しさを実現する製品ではあるが、同時に、**利便性**(あると便利)を提供する製品でもある。利便性は、生活に直結した感覚なので、「これを使うと簡単です」「これがあれば短時間でできます」といった価値はお客さまに訴求しやすく、売れやすい。

[詳説]

なお、店販品を扱う美容師視点で言うと、「利便性」というキーワードには2つの意味があります。1つは、「お客さまの生活が楽になる」という利便性。もう1つは、「お客さまにとって継続的な金銭的負担を与えない」という利便性です。シャンプーやトリートメント剤は、継続的な使用が前提となる店販品ですが、例えば「髪の毛が絡みづらいブラシ」や「頭皮を短時間できれいにできるシャンプーブラシ」といったものは、お客さまにとって、生活が楽になる上、1回購入すればOKなので、提案しやすく、「最初の1個」に最適です。

PROBLEM
10

値段を知ると、
興味をなくしてしまう……

「**これ、1本5,940円なの。へぇ〜**」
と、値段を知ると、手に取ったシャンプーを棚に戻すお客さま。やっぱり店販品は高価なことがネックなんだろうか？

アクション

SOLUTION 10

お客さまの「購入基準」を変えよう!

お客さまは「今使っているもの"よりも"高いシャンプー」としか思っていないから、買わない。**「今使っているもの"とは違う"役割を持つシャンプー(で、生活が良くなる)」**という存在であることを説明しよう。

[詳説]

あなたも、普段使いのティッシュペーパーは、一番安いものを選んでいませんか? なぜなら、どのブランドも同じ、消耗品としか認識していないからです。これと同様に、お客さまにとってシャンプーの購入動機が「日用品・消耗品を買う」でしかないならば、なるべく安いものを買おうとするのは当然です。そこで、お客さまを教育し、「ヘアカラーの褪色を緩和するシャンプー(を買う)」「ツヤ感を保つトリートメント剤(を買う)」という購入基準を植え付けることが大事。「ヘアカラーの褪色を抑えるシャンプーはどれがいい?」という質問がお客さまから出たら成功です。

PROBLEM
11

「店販品は高いから」の真意は?

店販品を紹介すると、いつも「店販品は高いから」と言うお客さま。ならばと値下げキャンペーン期間中におすすめしても、**やっぱり「店販品は高いから」**。この方に店販品を買っていただくのは無理だろうか?

SOLUTION 11

本心は「購入して失敗したくない」から。失敗しないと分かり、安心できれば購入する

店販品は「高い」と言う一方で、同じサロンの中では、カットやヘアカラーを施術し、もっと高い金額を支払っている。つまり、単純に「お金がないから高い」と感じているのではなく、**「購入(という判断を)して、失敗したら嫌だ」**という恐れから購入を控えている方がほとんどだ。「この判断は絶対に大丈夫」と分かれば、進んで購入してくれる。

[詳説]

こういった方に、「価格を下げたから」とアプローチしたところで、あまり響きません(大幅値下げなら別ですが、大赤字を被ってまで売ることに意味はないと思います)。本書も、お客さまに「この店販品を購入しても絶対に大丈夫」と実感していただくためのアクションを、主に2章以降で紹介していきます。

PROBLEM
12

まんべんなく提案しているのに、反応が薄いのは?

店販に力を入れようと決意し、来店客全員に、丁寧に説明・提案。確かにそれで購入してくれたお客さまもいるけれど、断られることの方が多く、**労力の割に収穫が少なかった**。方向性が間違っていたのだろうか?

アクション

SOLUTION 12

購入するお客さまとそうでない
お客さまを見極めよう

購入しないお客さまに注力しても、その労力のほとんどは無駄になる。それよりも、**購入してくださるお客さまに力を注いだ方が、効率的**な上、店販への自信もつく。

[詳 説]

PROBLEM 7で「売りぐせ」について述べましたが、お客さまなら誰も彼も、同じ労力をかけて提案すべきという意味ではありません。今まで購入したことがなく、今後も全く買う気がなさそうな人は、心の中で「購入しないお客さま」のカテゴリに入れ、さらっと説明して記憶に残す程度にとどめましょう。一方、これまでに購入したことがある人や、その方にぴったりの店販品があるような場合は「購入するお客さま」のカテゴリに入れ、購入へ導くべく注力すると、より効率的に売れていきます。

PROBLEM
13

使ってほしい店販品がたくさんある。何からすすめる?

シャンプー、トリートメント剤、オイル、ムース……など、どれをすすめてもお客さまの美しさを引き出せるけれど、**一度に売るのは難しい**。では、何から提案すべきだろうか?

アクション

SOLUTION 13

最優先は「確実に気に入ってもらえるもの」、次は「長持ちするもの」

「この店販品は絶対に気に入るはず」という順にすすめていくのが鉄則。迷ったときは、**長持ちする製品を先にすすめる**と、「私は店販品を使い続けている」という習慣ができる。

[詳説]

「長持ちする店販品」は、次々回来店時まで持てばベストです。次回来店時にはまだ最初の店販品が残っているので、別の用途の店販品なら無理なく紹介できます。これを逆に、「早く使い切ってしまう店販品」→「長持ちする店販品」の順に紹介しようとすると、次回来店時には「使い切った店販品の継続購入」と「長持ちする店販品の新規購入」の両方を提案することになり、お客さまの負担も増えてしまいます。

PROBLEM
14

新製品なのに、関心も持たれず、買ってもらえない!?

これまで扱っていた店販品よりも機能的に優れた、別メーカーの新製品を導入。前の店販品はファンが多かったし、「新製品ブースト」もあるから売れるだろうと期待していたのに、**「前の方がよかった」「前のってまだ在庫ない?」**と評価はさんざんで、乗り換えてもらえない。何が悪かったのだろうか?

アクション

SOLUTION 14

「今、売れている店販品」を大事に扱おう!

お客さまは、「新製品だから買う」のではなく、**「私にとっていい製品」と実感でき(てい)るから購入する**。今まで売れていた店販品は、「私にとっていい製品」という実績があり、新製品はこの点でかなわない。いずれ入れ替えるとしても、既存の店販品も大事に扱おう。

[詳説]

美容師目線では「完全上位互換の店販品」でも、お客さま目線では「自分にとっていいかどうか分からない製品」です。そればかりか、「前の方がパッケージが好きだったのに」「新しいのは匂いがあまり……」となれば、お客さまにとっては不満しかありません。現在の店販品があなたのサロンで売れているのには、何かしらの理由があります。その「何かしら」を大事にすることをおすすめします。

PROBLEM
15

製品に飽きられた？

新しいトリートメント剤を導入して1年。効能も使い勝手も香りもよく、おすすめしやすいこともあって、新規客・顧客にかかわらず、期待通りに売れ続けてきたけれど、**このところ売上が落ちてきた**。どうテコ入れしたらいい？

アクション

SOLUTION 15

まずはあなたの「飽き」を取り除こう

美容師側は、同じ製品の説明を、<u>延べ何十回も何百回も繰り返し話している</u>ため、セールスに「飽き」が生まれ、説明を怠りはじめてしまいがち。それが、売れなくなる原因だ。

[詳説]

売れていた製品が売れなくなると、「新製品でなくなったから」「他に類似の製品が売り出され、魅力が薄れてきたから」と考え、「もっと新しい商品を」と、別の新製品を導入して、また同じ悪循環に陥る、というケースを多く見ます。しかし実際には、自分自身が飽きているから、力を入れず、売れなくなっているというケースが多い。お客さまは飽きていません。製品を入れ替えるにしても、お客さまが飽きてからでよいでしょう。

PROBLEM 16

新製品の導入で
外さないためのコツは？

既存の店販品の動きが落ちてきて、ねじを巻いてもなかなか回復してくれないなら、いよいよ本腰を入れて新製品の導入を検討する時期だが、ここで**「導入すべき店販品」を見極めるコツ**は？

アクション

037

SOLUTION 16

「コンセプト」「顔」「キャッチコピー」「新ジャンル」

「その新製品はサロンのコンセプトから外れないか」
「確実に購入してくれるだろうお客さまの顔が次々に何十人も浮かぶか」
「お客さまに刺さるキャッチコピーが瞬時にいくつも思い付くか」
「今まで取り扱ったことがなく、お客さまにとって新鮮なものか」
これが**新製品を選ぶ4条件**だ。

[詳説]

なお、もう一つ条件を加えるならば、24ページで述べた「1回購入すればOK」の製品も有力です。お客さまの負担にならないのはもちろんですが、サロンにとっても、継続購入者のために在庫を抱える必要がないので、「売り切ったらおしまい」と割り切ることができます。

PROBLEM
17

ウイークポイントがある製品、すすめていいの?

使えば仕上がりはいいけれど、パッケージに難があって、持ち運ぶとキャップが外れて鞄に漏れたりすることもある店販品。出張の多いお客さまに**おすすめしていいのだろうか?**

アクション

SOLUTION
17

欠点こそしっかりお伝えしよう

いい点だけでなく、
「このオイル、鞄に入れておくと、たまにキャップが外れて漏れるので気を付けてください」
「付けた当初の仕上がりはいいけれど、ダレも早いから、出先でちょっと直すといいですよ」
などと**悪い点も伝えるべき**。黙って買わせて、後々トラブルになるといった事態を未然に防げる。

[詳説]

マイナスポイントとその対策を伝えるメリットは、これだけにとどまりません。お客さまは逆に、「こう取り扱えば大丈夫」という知識と、「取り扱う自分」という想像が頭の中にインプットされるため、購入のハードルが下がります。欠点も包み隠さず話すことが、実は売上アップにつながるのです。

PROBLEM
18

売れるのはいいけれど、単価が上がるのはちょっと不安…

店販品は買ってもらいたい。でも、店販品が売れすぎると、単価が上がり、お客さまに負担をかけてしまい、**失客するのでは、という不安**も。この不安はどう解消すべきか？

アクション

SOLUTION 18

「単価が高いサロン」なりの準備をしよう

店販品が売れ、単価が上がるならば、その単価にふさわしいサロンをまずはつくっていこう。**「私たちはこの単価にふさわしいサロンだ」**という精神的な自信がつけば、不安は取り除かれる。

[詳説]

具体的には、「目に見えるところ」と「目に見えないところ」を、「高単価を得るサロン」にふさわしいものに変えて、自信を積み重ねていきます。【目に見えるところ】フォーマルな服装にする、高い飲み物を用意する、サロンの小物（ペン、計算機、釣り銭皿など）に高級なものをそろえる……など。【目に見えないところ】綿密な顧客分析を行なう、緻密な戦略を立てる……など。

PROBLEM
19

店販を「バカ売れ」に導く「購入客」の考え方とは?

「店販品は売れない」と嘆くサロンは、実は店販における**「お客さま」を誤って捉えている**から売れていない。ここに気付くか気付かないかで、売上が大きく変わる、その捉え方とは。

アクション

SOLUTION
19

店販はお客さまの家族や友人も「お客さま」

店販品は、目の前のお客さまだけでなく、その家族・親族や、友人・知人なども、その方を通して購入してもらえる**「お客さま候補」**。お客さまの背後に大勢のお客さま候補がいることを認識しよう。

[詳説]

カットやヘアカラーなどは、目の前のお客さまにしか施術できませんが、店販品ならそのお客さまの人脈全てが販売対象となります。例えば、お客さまにロングヘアの子どもがいるなら「お子さんがブラッシングで痛がっていませんか?」と髪の毛の絡みづらいブラシを売ることができますし、さらに言えば「ママ友でお子さんのブラッシングに悩んでいる人はいませんか?」と尋ねれば、そのママ友にも販売できます。この仕組みに気付けば、店販が得意になっていきます。

PROBLEM
20

買ってもらうための、もう一つの「アクション」とは？

「長く来ているけれど、**店販品は一度も買ったことがない**」というお客さまは、どうしたら店販品を買ってくださるようになるだろうか？

SOLUTION
20

「買ってくださるまで待つ」のも
アクション

「まだ買っていないお客さま」は、「なかなか買わないお客さま」
「もう買っているお客さま」は、「簡単に買ってくださるお客さま」
前者に最初の店販品を売ろうとすると労力ばかりかかってしまう。**「お客さまが自ら購入するまで待つ」**というアクションなら、「簡単に買ってくださるお客さま」にするための労力はゼロだ。

[詳 説]

すでに店販品を購入しているお客さまは、あなたとあなたのサロン、そしてサロンで提供する店販品の全てを信頼しているので、2つ目の店販品を紹介すると、買ってもらいやすいもの。一方、まだ購入していないお客さまは、店販品に対しては確かにまだ、そこまでの信頼を置いていないのですが、長年通っているということは、あなたやあなたのサロン自体は信頼しているので、いずれ、店販品にも関心を持ちます。その関心を持つまで、じっと待つことが大事。売り急げば、逃げられます。

第 1 章

まとめ

　第1章は「店販品が売れまくる逆転の思考法」というテーマでお伝えしましたが、実は、最も大事な「逆転の思考」があります。それは、「お客さま目線」の思考です。

　美容師側の思考は、さすがに最近では「美容師はカットやヘアカラーの技術を磨き、提供するのが最大のサービス」というような技術偏重の方は減り、「お客さまを美しくし、豊かな人生をサポートするために、美容師として持ち合わせている全てを提供する」という考えの下、カットやヘアカラー技術、ヘアに関する知識、そして厳選した店販品を提供している方が増えました。

　しかし、お客さま（特に新規の方）は、カットやヘアカラーなどの施術を受けるために美容室へ来店している方が多数であり、「店販品を買う」という思考をもともと持っている方はわずか。そのため、いくら美容師が前述のような思いを持っていても、なかなか購買にはつながりません（お客さまはカットやヘアカラーの施術を求めてサロンへ来店しているので、サロンではカットやヘアカラーが「バカ売れ」しているのだともいえます）。

　美容師は、この非対称性を自覚した上で、お客さまに「サロンは店販品を買うところ」という思考を持ってもらうことが、店販バカ売れの第一歩。第1章でも、そのヒントをいくつもちりばめましたので、参考にしてください。

第 2 章

店販品を買いたくなる「仕掛け」と「行動」

TAKE ACTION!

$\longrightarrow$

PROBLEM
21

お客さまに適切な店販品を提案する準備とは？

明日から店販にしっかり取り組んでいこうと決意。でも、そもそもお客さまへ**どんな店販品を提案したらいいかが分からない**。スタイリング剤が無難だろうか？

SOLUTION 21

お客さまの顔を思い浮かべながら、カルテに「おすすめすべき店販品」を記入しよう

店販とは、サロンが売りたい物を売るのではなく、**お客さまが必要とするものを読み取り、買ってもらうもの**であり、スタイルの提案などと、基本的には同じ。次回提案をカルテに書き留めるのと同様に、おすすめすべき店販品を**カルテに記入する**ことから始めよう。

[詳説]

カルテに「使ってほしい店販品」を記入することで、それは「お客さまの美しさを実現するための約束」になります。また、「そのお客さまにとって使わなくてもいい、不要な店販品」を売ることがなくなるので、誠実な提案ができます。

PROBLEM
22

お客さまの「思惑」を喚起するために、最初にすべきアクションは?

16ページで述べたような、「これを購入したら美しさを保てる」という**思惑**をお客さまに感じてもらうために、私たち美容師はまず何をしたらいいのだろうか?

アクション

SOLUTION 22

実際に継続使用してみて、店販品の特徴を知ろう!

店販品はまず**自分で使い続け、特徴を実感する**。これは店販品を扱う際の大前提のアクションだ。

[詳説]

使ったことのない店販品を、カタログスペックの説明だけで売ろうとするのは不誠実ですし、長所も短所も実感していないから、言葉にリアリティーがありません。実際に使い、使用感と、毎日のコンディション(シャンプー&トリートメント剤)やスタイリングのやりやすさ(スタイリング剤)などを体感し、自分の言葉で伝えると、お客さまの中に「こうなれるんだ」という思惑が生まれます。大勢のスタッフを抱えるサロンならば、スタッフ全員でそれぞれ手分けして店販品を使ってみて、ミーティングなどで発表するといいでしょう。お客さまへのプレゼンの練習にもなります。

PROBLEM
23

「これ」を覚えずに店販に取り組むと失客する、「これ」とは？

店販に本気で取り組むなら、まずサロン内で徹底して覚えるべきことがある。「これ」を覚えていないと、「**こんなことも分からずにすすめていたのか**」と失望されるのだが、それは何だろうか？

アクション

SOLUTION
23

店販品の価格を徹底的に暗記しよう!

お客さまは、店販品が高額であることを知っているからこそ、品質や機能と同程度に、**価格にも興味を持っている**。その価格を暗記し、即答できるということは、品質や機能を即答するのと同じぐらい信頼感を高めてくれる。

[詳説]

「これ、いくらですか?」と聞かれて、慌ててパッケージやPOPを見るのは二流。確認のために席を外すなどはもってのほか。お客さまは「だったら聞かなければよかった」とため息をつくこと間違いありません。逆に、「○○円です」と即答できれば、お客さまは納得し、店販品に対しても良い印象を持ちます。何であっても、的確な答えがすぐにもらえるというのは、うれしいからです。また、「この方にこの店販品をすすめた場合、料金はいくらになるのか、高くなりすぎないか」という観点から、今日強く押すか、やめておくかを判断するためにも、料金の暗記は必須です。

PROBLEM
24

店販品が売れまくるサンプルの使い方とは?

「このサンプル、使ってみてください!」
使えば誰もが効果を実感できる、いい製品。
自信満々で試供品を渡しているのに、そういうお客さまに限って、反応がない。

アクション

SOLUTION 24

「使ってもらう」ところまで
アプローチしよう

店販品は、ただ渡しただけでは、洗面台の肥やしになるだけ。
「今夜(明日の朝)、○○のように使ってください」と使い方を指示するとともに、「使うことで、これまでにない効果が待っている」こともアピールしよう。

[詳説]

試供品とは、「使ってみて、良いと感じたら買ってください」とアプローチするツールですから、使われない試供品は、試供品の役割を全く果たしておらず、店販品も売れるはずがありません。無料のサンプルほど、詳しく、親身に説明し、使ってもらうまでの動線を引くことが重要です。なお、100％使ってもらえる、必殺のアクションがあります。それは、「試供品を渡したその場で使ってもらう」こと。製品の良さを実感したその場所に製品も置いてあるのですから、即購入してもらえます。

PROBLEM
25

お客さまの希望をかなえる店販品なのに、無反応なら、何をどう訴える?

「髪の毛のパサつきが気になる」と話すお客さま。ちょうど新製品でしっとりツヤ感を出すアウトバスオイルを入れたばかり。「パサつきを抑える、ぴったりの製品があるんです!」と自信満々で紹介したのに、**無反応**。なぜ!?

アクション

SOLUTION 25

買う理由を3つ訴求しよう

買う理由が1つだけでは、心を動かすには足りない。2つあればその店販品は**「私にとってメリットのある製品」**、3つあれば**「私のためのもの」**になる

[詳説]

「女性に朗報！」というキャッチコピーは、男性どころか対象である女性の興味も引きません。「女性」というくくりが広すぎて、自分のことだと認識できないからです。これが「手荒れに悩む女性」と2つの条件が合致すると「おやっ？」と思い、「手荒れが気になる30代の女性」と3つ合致すると「自分にぴったりでは？」と関心を寄せます。この例でいえば「パサつきが気になるけれど、ホームケアは面倒という、忙しい女性にぴったり！　簡単なお手入れでパサつきが収まります」のように、お客さまに合う3つの条件を訴求すると、「私のためのもの」と感じ購入します。

PROBLEM
26

店販を案内する
最悪のタイミング・
最高のタイミングとは?

スタイリングまで終えて、お客さまも大満足の様子。これならば、と**会計のタイミング**で今日使った製品を案内したのに、全く聞いてくれていない。何か気に障ることをしたのだろうか?

SOLUTION
26

カウンセリング中に案内しよう

会計時に店販品を案内するのは最悪のタイミング。お客さまの頭は**帰った後のことでいっぱい**だからだ。逆に、最高のタイミングは**カウンセリング**時。「今日どうするのか」を決める時間だから、すんなり聞いていただける。

[解説]

カウンセリングの時点で、お客さまの現在の髪質や、悩みどころなどは把握できるはず(把握できないなら、そもそも施術もできません)。今日は何を施術し、何を買っていただいたらいいかを想定できたら、そのプランを店販品まで含めて全て伝えるべきです。お客さまは、自分のヘアスタイルが良くなる一連の流れとして、店販品を購入します。会計時は、「今日はこれをご購入ですね」という確認だけを行なうようにしましょう。

PROBLEM
27

マイナーメーカー、マイナーブランドの製品は売りづらい?

ディーラーおすすめの店販品。今までにない使用感で気に入ったけれど、**聞いたことのない新興メーカー**で、お客さまへ提案しづらいのでは、と不安も……。

アクション

SOLUTION
27

マイナーでも売りやすい!

マイナーなメーカーやブランドなら、「**あなたのために掘り出し物を見つけてきた**」という演出ができる。「このメーカーは、一般にはあまり知られていないのですが、私たちがしっかり吟味して選びました」と、胸を張っておすすめすべき。お客さまの店販品を見る目が変わる。

[詳説]

そもそも、理美容室専売品を展開しているメーカーやブランドは、理美容業界では知られていても、ほとんどのお客さまにとっては無名です(例えば、この本を出版した『女性モード社』も、美容業界では知られていても、業界外で知る人はごくわずかでしょう)。その意味でいうと、ほとんどの店販品で、「あなたのために見つけてきた」作戦は有効です。

PROBLEM
28

前回の店販品が使ってもらえていない!?

「前回購入されたスタイリング剤、いかがでしたか?」と尋ねたら、**「ほとんど使っていなくて、丸々残っている」**と言われた。気に入ってもらえなかったのか、押し売りになってしまっていたのか、などと不安になるけれど……。

アクション

SOLUTION 28

組み合わせの使用を提案して お客さまの在庫をなくそう!

お客さまの部屋に「不良在庫」の店販品が山積みになればなるほど、サロンへの不信感も蓄積していく。**改めて使い方を伝える**とともに、複数の在庫があるなら、その**在庫を組み合わせて使えないか**考え、提案してみよう。消費速度が2倍、3倍になる。

[解説]

すでに店販品を購入しているお客さまが、次に店販品を購入する、最も強い動機は「前に買った店販品が切れた(切れかけた)とき」。言い換えると、在庫がまだあるうちに売ろうとすれば押し売りになりがちです。そこで発想の転換。店販品を買ってほしいならば、購入の提案ではなく、まずは「在庫が使い切れるような使い方」の提案をしてみましょう。前回の購入時に伝えたのとは違う使用法を提案できたらベターです。

PROBLEM
29

ドラッグストアで買うという お客さま、どう対応する?

お客さまの髪質やスタイルの希望に合わせたアドバイスを行ない、「スタイルキープにはこのスタイリング剤がいいですよ」と紹介したのに……、
「ドラッグストアで似たようなもの売っていますか?」
と、まさかの「がっかりワード」。お客さまに悪気がないのは分かるのだけど。

アクション

SOLUTION 29

ならば店販品を絶対に「買わせない」ぐらいの提案をしよう

「サロンで店販品を買う」という考えのないお客さまに売ろうとすれば、単なる押し売りになってしまう。お客さまがドラッグストアに並ぶ製品でいいと思っているなら、その思いは否定せずに、何を購入したらいいかをアドバイスしよう。そのアドバイスに「従っていただいた」という実績が後で生きてくる。

[解説]

店販品を紹介するのは、お客さまに適切なケアとメンテナンスの方法を提案して、美しさを維持していただきたいからであって、売ること自体が目的ではありません。美容師としての本来の使命に立ち返って、お客さまの希望する範囲内でのメンテナンス方法を考え、アドバイスしましょう。今この瞬間では売れなくても大丈夫。お客さまの頭の中には「この人の提案に従ったらキレイになれた」という情報がインプットされるので、メニューが売りやすくなる上、いずれ店販品の品質が必要になった際は、必ず購入されます。

PROBLEM
30

店販品を目の前に置いたのに、目をそらされる!

買ってほしい店販品をセット面に置いた。当然、手に取って見てもらえると思ったら、**手に取るどころか目を向けてもくれない**。なぜ？

アクション

SOLUTION 30

「そらすことのできない感覚」に訴えよう

お客さま側に関心がないのだから、目をそらされるのは当然。**「そらすことのできない感覚」**を使って関心を引けば、チャンスはある。

[解説]

普段の生活で何か商品を購入する際、あなたは自ら売り場へ出向き、その品物を手に取っているはず。お客さまも同じ。買いたいと思えば自ら店販棚へ行って手に取るか、「あの製品を持ってきてもらえますか」と言いますし、買う気がない製品を目の前に持ってこられても、買いません。店販棚に足を運ぶきっかけをどうつくるか？　例えば、製品の香りを漂わせてはどうでしょうか。嗅覚（香り）は、視覚と違って「そらすことのできない」「感情に訴える」感覚。「このいい香りは何？」とお客さまが興味を持ったら、初めて製品を紹介するとよいでしょう。

PROBLEM
31

トップスタイリストを
まねたのに!?

不動のトップスタイリストA氏、「これ、サラサラになるんだよ」
お客さま「へぇー、本当だ! これください!」
それをまねたスタイリストB氏、店販品を見せながら、「付ける量はこれくらいです。サラサラになりますよ」と紹介したのに、お客さまは「あ、サラサラですね」で**その後無反応。**
何が違うの?

SOLUTION
31

店販品は「見せず」に紹介しよう

店販品をこれ見よがしに見せたら、お客さまは**「売り込まれている」**と感じ、その瞬間に心のシャッターを閉じてしまう。製品は見せずに使用感だけ紹介するのが鉄則！

[詳説]

実は、「スタイリストB氏」は昔の私です。「使っているのはこれですよ」とダメ押しのつもりでしていたことが、逆効果だったのです。お客さまは、その製品に関心を持てば、こちらから見せなくても「さっきのはどれですか？」と聞いてきます。こうなれば、お客さまからアクションを起こしているのですから、売り込むことなく売れていきます。

PROBLEM
32

時間をかけてでも、使ってほしい店販品に関心を誘導したい!

お客さまが今使っている製品よりも、良い店販品がある。ぜひ使ってほしいけれど、性急に売り込むのは、こちらの思惑が見透かされそうで怖い。**今すぐでなくてもいいから**、関心を持ってもらえないだろうか。

その店販品をサロンの施術で使い続けよう！

スタイリング剤ならスタイリングのときに、シャンプーならシャンプーのときに、**使ってほしい店販品を毎回使おう**。いずれお客さまの方から関心を持ちはじめる。

[詳説]

説明は一言、「○○社の××を使います」だけでOK（「いかがですか」「興味ありますか」などと興味を促すような言葉や、これ見よがしに店販品をテーブルに置くような行為は、得てして逆効果となります）。お客さまは、同じものばかりをずっと使い続けられているうちに、「（プロである美容師が）いつも同じ製品を使うということは、私にはこの製品が合うのかもしれない」と思いはじめます。すると、お客さまの方から、「いつも使ってもらっている○○社の××って、私に合うんですか？」と尋ねてくる瞬間が訪れます。お客さまが自ら買うので売り込み感はゼロです。

PROBLEM
33

ニューズレターやDMの反応が薄いなら、その理由は？

定期的にニューズレターやDMを出しているサロンにおすすめの仕掛け。「ニューズレターやDMで店販品を紹介しても、反応が薄い」ならば、お客さまへの**メッセージが足りていない**から。そのメッセージとは？

アクション

SOLUTION 33

どう行動してほしいかを しっかり伝えよう

「"売り込まない"ニューズレター・DMで顧客をファン化する」という戦略が浸透した結果、多くのサロンでは、"売り込まない"ことは上手になった。だが、店販品を案内するのは、購入してほしいから。ならば、**購入してほしい**ということを明記しよう。

[解説]

お客さまは、「これをぜひ購入してください」と面と向かって訴えかけられたら引いてしまいますが、同じことでも文章で「これをぜひ購入してください」と書かれている分には、この通りに従う必要がないので、すんなり受け入れます。それでいて、「購入してください」というメッセージ自体は受け取っているので、暗示がかかり、購入に踏み切りやすくなります。だから、文章で提案する場合は、どう行動してほしいかまで記入すべきですし、そうしていないニューズレターやDMは効果が上がりません。

PROBLEM
34

さりげない提案に効果がない!

お客さまに「売り込まれている」感を与えたくないので、使ってほしい製品のパンフレットを**さりげなく**セット面に置いたけれど、手に取ってもらえないし、手に取ったお客さまも無反応。どう改善すべき?

SOLUTION 34

さりげなく提案するぐらいなら、堂々と提案しよう!

お客さまは、「さりげない提案」に気付かなければ気付かないし、「さりげない提案」に気付けば、結局は「売り込まれている」と感じる。ならば「お客さまのために」と**自信を持って堂々と**提案しよう。

[詳説]

「さりげない提案」には、上記の他に2つの問題があります。1つは、お客さまに「積極的に提案していないのだから、あまり自信がない製品なのだろうか」と思われること。もう1つは、お客さまが「さりげない提案」に気付き、興味を持ったとしても、「美容師から『こうしてほしい(買ってほしい)』という指示がないため、この製品を買えばいいのかどうかが分からない」ということです。

PROBLEM
35

ウイークポイントを
指摘されたら?

お客さまの髪質に合うスタイリング剤。試しに手に取ってもらったら、最初の一言が**「今使っているものよりものびなくて、使いづらそう」**。あまりおすすめしない方がいい?

アクション

SOLUTION
35

短所を認めた上で、長所をたくさん伝えよう

「確かに、ちょっとのびづらいですよね」と同調した上で、「使い勝手が今までと違うので最初は違和感があるかもしれませんが、簡単なスタイリングでスタイルが決まり、夜まできっちりキープできるので、おすすめですよ」などと、**長所・メリットをしっかり紹介**しよう。それで買うか買わないかを決めるのはお客さまだ。

[詳説]

どんな店販品にも、見ようによっては何かしらの短所があるもの。お客さまがウイークポイントと感じたのは事実なので、その事実は認め、感情を共有することが最初のポイント。次に、その短所をはるかに上回る長所を伝えましょう。ただし、ウイークポイントが「香り」（苦手な香り）など、生理的な部分で気に入ってくださらない場合は、無理押ししてはいけません。生理的に苦手な製品をしつこくすすめられたら、サロンや美容師のことも生理的に嫌いになってしまいます。

PROBLEM
36

画期的な特徴の製品なのに売れないのは？

今度仕入れた新しい店販品は、効果が高く持続力もある、優れた製品なのに、お客さまに**「今までのよりも効果が高いですよ」**と紹介しても、反応が薄い。紹介の仕方が悪いのだろうか？

アクション

お客さまが欲している特徴を打ち出そう

「時短」「効果の持続力」「使いやすさ」「香り」……など、お客さまが**「こんな製品が欲しい」**と望んでいる**特徴**は何だろうか？ 望む特徴を前面に打ち出すことが鉄則だ。

[解説]

パッケージに書かれた特徴の説明は、あくまでメーカーが打ち出したい、分かりやすい特徴です。しかし、製品の特徴はそれだけではなく、メーカー自身は気付いていない、あるいは取るに足らないと思っている特徴も、お客さまにとってはまさに求めているもの、ということがよくあります。なお、お客さまが望む特徴が分かるならば、店販品は多くそろえる必要はありません。1つの店販品で、ある方には「香りがいい」、ある方には「短時間で済む」などと、望む特徴を紹介すればOKです。

PROBLEM
37

財布のひもが固いお客さまの
ひもを緩めるポイントは?

興味はありそうなのだけど、**財布のひもが固くて**、店販品の購入をためらうお客さま。そんな方に響く訴求法は?

SOLUTION
37

「本当のスポンサー」に訴求しよう

お客さまの財布を握っている**「スポンサー」**にアピールできる店販品ならば、買ってもらいやすい。

【詳説】

「スポンサー」には2つの意味があります。1つは「金銭的スポンサー」。実際にお金を支払ってくれる人への訴求です。例えば、専業主婦にシャンプー剤を買ってほしいときは「頭皮をきれいにしてくれるので、ご主人にもぜひおすすめです」と提案すると、購入の大義名分が立ちます。もう1つは「精神的スポンサー」。お客さまには誰しも、「『この人のため』という名目なら少々お金を使ってもいい」という人がいるので、その人を想定して、例えば「彼氏のために、デート前に使うと喜ばれますよ」と提案すると刺さりやすくなります。

PROBLEM
38

「選べる」のに、選んでもらえない……

「これはふんわりまとまるワックスで、使い勝手がいいと思います」「これはカチッと決まるハード系です」「これは……」
お客さまに好きな店販品を選んでもらいたくて、たくさんの種類をそろえたけれど、芳しい反応がなく、**在庫を増やすばかり……**。

SOLUTION 38

お客さまに代わって、選んであげよう

「あなたにはこのワックスが合いますよ」と、はっきりしっかり選ぶことが重要。その店販品は**「信頼する美容師のおすすめ」**になるので、購入してもらえる。

[解 説]

たくさんの種類を並べられても、「自分はどれを選んだらいいのか」と悩み、面倒くさくなって、買わなくなります。このとき、いくら機能の違いを細かく説明しても、効果はないどころか、「自分にはこの違いが分からない」と戸惑い、ますますお客さまを混乱させてしまいます。お客さまにとって必要な情報はただ一つ、「この店販品で私はどう美しくなれるか」。この情報を提供できれば、実は店販品を多数そろえなくても、売れていきます。

PROBLEM
39

イメチェンを提案して
店販品を売らないの!?

お客さまにイメチェンを提案し、受け入れてもらった。
ああ、良かった! で終わらせたら、**一生店販は売れ
ない!**

アクション

SOLUTION 39

イメチェンと店販品の提案は1セットで

イメチェン時は、今までとはホームケアの方法も変わってくるので、**店販品を提案する大チャンス**。新しいスタイルを引き立たせる店販品を提案しよう。

[詳説]

もしもイメチェンを店販に生かせていないならば、明らかに店販品の提案準備が足りていません。イメチェンを提案する前に、必要となる店販品をリストアップしておくと、頭の中で予行演習ができてスムーズにおすすめできます。

PROBLEM
40

ドラッグストアに勝つ仕掛けは？

ドラッグストアの市販品で満足しているお客さまの目を、店販品に向けさせることができたなら、お客さまをより美しくでき、売上も上がるが、どう仕掛けたらいいだろうか？

アクション

SOLUTION 40

多様な使い分けを提案して迷わせ、導こう!

「市販品は、長所と短所が極端なので、使い分けるといいですよ。朝使うならA、日差しが強いならB、雨の日はCがおすすめです」などと状況に応じて使い分ける提案をしよう。お客さまは**面倒になり、選べなくなる**。そこが店販品を提案するチャンスだ。

[詳説]

ドラッグストアには多種多様な製品が並んでいますが、その中から1つだけ選べるのは、「この製品が私に合っている」と思い込めているからです。お客さまのライフスタイルに合わせた、最適なアドバイスをすることによって、「面倒で選べない」状態にすれば、お客さまは迷いはじめます。このときが、「美容師に任せれば選んでもらえる」店販品を売るチャンスとなるのです。ただし、お客さまが使い分けのアドバイスに従ってくれた場合は、店販品を提案する必要はありません。完全に信頼を置いてくれている証しなので、メニュー提案などで単価を上げましょう。

PROBLEM
41

複数の店販品を一度に印象づける仕掛けとは？

そろえている店販品はどれも自信を持っておすすめできるものだけど、お客さまに一つひとつ説明したらくどいし、**引かれてしまいそう**。そんなときに使いたい仕掛けとは？

SOLUTION 41

「○○vs××」という対決形式で一度に紹介しよう

「しっとりvsさらさら、どちらを選ぶ？」「頭皮洗浄vs毛髪ケア、あなたが必要なのは？」のように、「○○vs××」の**対決形式**で紹介しよう。お客さまは○○と××がどう違うか関心を向けるので、結果としてどちらの情報もインプットされる。

[詳説]

この手法は宣伝広告の現場でもよく使われています。同じブランドのシリーズでも、違うメーカー同士でもOK。定期的に組み合わせを変えていけば、扱っている店販品は同じでも、新鮮に受け取ってもらえます。

PROBLEM
42

売れ残った店販品、
値下げしても売れない!

ずっと売れない店販品を**「在庫処分」**と銘打って店頭のワゴンに並べ、値下げ販売したのだけれど、それでも一向に売れない。この在庫、どうしたらいい？

SOLUTION 42

「意外なナンバーワン」を強く訴えて出会いを待とう

シャンプーなら「すすぎが驚くほど早い」とか、スタイリング剤なら「他にない独特な〇〇の香り」「手のべとつきはティッシュで落ちる」など、どんなささいなものでも構わないので、**「ナンバーワン」**を訴えてみよう。

【 解説 】

これを「捨て犬作戦」と名付けています。捨て犬や捨て猫を拾う人は、「捨て犬（猫）を拾おう」と探していたわけではなく、「この犬（猫）が今私と出会ったのは運命かもしれない」と感じて連れて帰ります。つまり、「出会う」ことが大事で、その出会いを演出するのが「意外なナンバーワン」です（拾われた捨て犬や捨て猫も、「血統」とか「特別かわいい」といった分かりやすいナンバーワンで選ばれているわけではありませんね）。なお、値下げ販売は「売れ残った古いものを売っている」という感が強く、「新しい美を提供する」サロンの業務とは相性があまり良くないと考えています。

PROBLEM
43

売れ残りの季節限定品を売るには?

UVケア製品を仕入れたが、**売り切らないうちに秋に**。こんなときにお客さまの感情へ訴えて売るテクニックとは。

アクション

「もったいない」という感情に訴求しよう

「UVケアは秋や冬も必要ですが、製品は季節商品のため、シーズンが過ぎると売れなくなるため、捨てられてしまいます。どなたか引き取り手はありませんか？」という訴求をしてみよう。**「もったいない」**と思ってもらえたら成功だ。

【詳説】

前項は「意外なナンバーワン」を訴求するテクニックでしたが、ここで挙げたような「分かりやすいナンバーワン」がある（が、その特徴が求められない）店販品は、「意外なナンバーワン」を打ち出しづらいもの。そこで、今度は「かわいそう」「もったいない」という感情から攻めてみては。言わば「捨て犬作戦2」です。

PROBLEM
44

店販売上がタダで回復する？
たった一つのアクション！

店販品の動きは決して悪くないけれど、想定ほどでもない、というときには、たった一つ、「ある行動」をするだけで回復するかも？　その行動は**ほんの30秒で、料金もタダ**。やってみる？

アクション

SOLUTION 44

今一度全部の店販品を眺めてみよう

眺めているうちに、意外と**「こんな製品があったんだっけ」**という気付きや、**「これ、今ならこうすれば売れるのでは?」**というひらめきを得ることがある。あとはそれを実行するだけだ。

[詳説]

同じ店内に、同じ店販品が毎日同じように並んでいると、そのうちに販売する美容師自身も、店販品がまるで壁紙のように見えてきてしまいます。しかし、改めて眺めてみると、セールストークがひらめいたり、ぜひおすすめしたいお客さまの顔が浮かんだりするものです。時間もお金もかからないので、一度試してみてください。

PROBLEM
45

「買ってほしい店販品」に注目してもらう仕掛けは?

1人サロンや小さなサロン限定ながら、「このお客さまに、これを買ってほしい」という店販品があるならば、ぜひ試してほしいアクションとは? **ヒントは「ディスプレー」**。

アクション

SOLUTION
45

そのお客さまのために
店販ディスプレーを変えよう

「そのお客さまに買ってほしい店販品」が最も目に止まるように、営業時間前に**ディスプレーをカスタマイズ**しよう。

【解説】

1人サロンならば、お客さまが入れ替わるごとに、その人のために店販棚の商品構成を変えるとより効果的です。例えば、午前中に「A」のシリーズを愛用するお客さまが来店予定ならば、「B」や「C」のシリーズを棚から外して「A」のシリーズだけでディスプレー。そのお客さまが帰り、午後から「B」のシリーズを購入してほしいお客さまが来店予定なら、今度は「B」のシリーズだけを並べる、ということもできます。

PROBLEM
46

店販品が売れると、単価が上がりすぎるのが心配……

店販品を購入して、美しさを保ってもらいたい。けれど、特に店販品を購入したことのないお客さまには、**会計のときに「高い」と思われてしまいそうで怖い。**

アクション

SOLUTION 46

単価を上げずに済むタイミングで店販品を買ってもらおう!

例えば「お客さまの髪の状態が良く、トリートメントが不要」とか「前回来店から日を置かずに来店したのでヘアカラーはリタッチで大丈夫」など、単価がいつもより安くなるときに店販品をおすすめしよう。結果、**「いつもと同じ料金」**となるので、お客さまも抵抗感なく支払い、**「店販品をこのサロンで購入した」**という実績ができる。

[解説]

お客さまは、「このサロンではだいたいこれくらい支払う」という基準を持っており、それを大きく超えると「高い」と感じるため、これが店販に取り組む大きなハードルとなります。そこで、「高い」と思わせずに店販を買っていただくのがポイント。一度店販品を購入すれば「このサロンは店販品を購入するサロン」という意識と、「購入した店販品は良いものだった（また使いたい）」という事実ができるため、次はお客さまから自発的に店販品を購入し、単価のハードルを越えてもらえます。

PROBLEM
47

提案のチャンスは
断られた後に訪れる?

店販品の提案が受け入れられなくても、**がっかりするのは大間違い**。むしろ、断られたことが店販を売るチャンスとなる。

アクション

SOLUTION 47

「ストライクゾーンから外れて いた」ことを次に生かそう

提案が受け入れられなかったのは、その店販品が、お客さまの興味の外にあったから。ならば次回は、**その店販品以外を提案**すればいい。その繰り返しでお客さまのストライクゾーンが判明する。

[詳説]

どんな名ピッチャーでも、全球をストライクゾーンに投げることはできません。ストライクゾーンから外れるのは織り込み済み。「ここに投げたらボール」と分かるごとに、お客さまのストライクゾーンは特定されていき、いずれぴったりの提案ができるようになります。

PROBLEM
48

ワンパターンは店販の味方か？ 敵か？

ロングセラーの店販品がそろい、安定して売れている。お客さまも**「いつもの」**で購入してくださるけれど、個人的にはワンパターンで刺激がないのでは、と危ぶんでいる。このままでいいのか、変えるべきか？

アクション

SOLUTION
48

あえてワンパターンを打ち出そう

今、あなたのサロンで店販品を購入しているお客さまは、「いつもの」が「いつも」あることに安心している。その安心感は、お客さまにとって信頼だ。ワンパターンは、支持されているうちは崩さない方がいい。

[解説]

漫談コンビのテツandトモ、アニメのサザエさん、お笑い番組の笑点……などは、細かなネタは変われど、数十年にわたって「ワンパターン」を提供し、しかも支持され続けています。その理由は、面白さももちろんですが、それ以上に、「安心して楽しめる」という安心感があるからです。サロンも同じ。多くのお客さまは、ワンパターンでも安心して使える製品を望んでいます。また、ワンパターンも、続けているとサロンの一貫性となり、さらに信頼感が増します。

PROBLEM
49

安心して購入できるように導く「奥の手」は?

「店販品は高いし、買っても使わなかったらもったいないじゃない?」とためらうお客さまに、購入に踏み切らせる**「奥の手」**がある。特に、シャンプーやスタイリング剤などの消耗品を販売する際に効果的なのだが、その奥の手とは? ヒントは**「保証」**だ。

SOLUTION 49

全額返金を保証しよう

「気に入らなかったら返品してくださって構いません。**使用後でも代金は全額お返しします**」と提案しよう。

[詳説]

日本においては、返金保証をうたっても、対面販売では返品率は1%程度、通販などでも5%以下といわれており(サイズが合わない場合に返品できるアパレル系は除く)、実際に返金することはまずありません。また、仮に使用済みの店販品を返品されたとしても、業務用に転用すればOK。大きな損はしません。それでいて、お客さまには「使用済みでも返品できる」という安心感を与えることができるので、購入のハードルがぐっと下がります。

PROBLEM
50

「購入しないお客さま」と接する前にすべきアクションとは？

店販品を買いたくなる「仕掛け」と「行動」とは、つまりはお客さまに店販品の購入を誘導し、指示すること。とはいえ、「この人は長年担当しているけれど、一度も購入したことがないし、今後も買わないだろう」という人には、誘導も指示も効かないのだろうか？ いや、**一つ方法がある。**

アクション

SOLUTION 50

自分に対して指示しよう!

「この人は買わないだろう」と思い込んでいると、最初から提案を諦めてしまうものだが、そこで自分に対し「せっかくお客さまにぴったりの店販品があるのだから、必ず紹介すること」と**指示する**と、意外にも購入につながることがある。

[解説]

「この人は買わないだろう」という思い込みがあると、全てに消極的になってしまい、それが店販品が売れない原因ともなりがちです。自分に指示することで、この消極性を外すというのが目的です。また、「売れないと思う人に売る」となれば、そのお客さまをよく見ることにもなるので、今まで見落としていた、店販品を売る糸口に気付く可能性もあります。しつこくなりすぎないように気を付けつつ、ぜひ一度チャレンジしてください。

第 2 章

まとめ

　店販への取り組みについては、よく、「店販を目的にせず、あくまでお客さま第一主義で」「お客さまの髪を大切にすれば店販は売れる」「誰からも愛される美容師になれば売れる」……などといった心構えを聞くことがあります。

　確かに、心構えは大事。ですが、本当に大事なのは、「お客さま第一主義を実現するために」「お客さまの髪を大切にするために」「誰からも愛される美容になるために」、店販を通じ、どんなアクションを起こすか、です。

　アクションのない心構えは、単に美容師の独りよがりでしかなく、お客さまに伝わりませんし、店販は売れず、売上にもつながりません。売上につながらないということは、お客さまに「このサロン・美容師にお金を払う価値がない」と思われているのと同義です。

　店販を通じ、本当にお客さまの髪を大切にし、信頼を勝ち得るために、どんなアクションを起こすか。また、そのアクションに、どう価値を感じ、お金を支払ってもらうか。これを主軸に据えて、具体的なアクションを考えていくことが大事だと考えています。

第 3 章

お客さまを買う気にさせる会話術

TAKE ACTION!
→

PROBLEM
51

お客さまが店販品に親近感を持つ、ハズレなしの一言は？

お客さまが、店販品に対しぐっと興味を持ち、「これ、買ってみようかな」と思う上、自分自身も店販へのテンションが上がる、ごくシンプルな一言がある。**これ、オススメ!**

SOLUTION 51

「私はこの店販品が大好き!」と告白しよう!

「私はこのスタイリング剤が大好きなんです」「このシャンプー、とても気に入っているんです」と、思いの丈を告白しよう。お客さまは**「この人は、この製品を好きなんだな」**と知ることで、その店販品に対して親近感を持ち、気に掛けるようになる。

[詳説]

これは同時に、「大好き!」と宣言したあなた自身も、「お客さまに『大好き』と宣言したのだから、責任を持って説明・提案しよう」という心理が働き、積極的かつ的確に提案できるようになります(これを心理学では「一貫性の原理」といいます)。

PROBLEM
52

セールストークが苦手で店販品が売れない!

お客さまにどんな会話をして店販品を提案したらいいかが分からない。効果や効用を懸命に話しているつもりだけど、**空振りばかり……**。

アクション

SOLUTION
52

「しゃべりすぎない」ことが重要

店販が苦手という人のほとんどは、「セールストークが苦手」。だが、お客さまは**過剰なセールストークを求めていない**。店販品のセールストークは、簡単な紹介・提案と、お客さまの心を購入側へ動かすキーワードを一言組み合わせるのが基本だ。

[詳説]

あなた自身、買い物に行った先で店員さんにやたらと話し掛けられて、買う気を失ったことはありませんか？　それと同じことをサロンでしていたら、売れるものも売れません。「店販品は『美容師が売るもの』ではなく、『お客さまが買うもの』」と捉え、しゃべりすぎないことが肝心です。

PROBLEM
53

提案を購入に結び付けるための会話の展開法とは？

お客さまとコミュニケーションを取りながら、希望や要望を聞き出し、提案すべき店販品が見えてきたので「こんな製品がありますよ」と紹介し、手応えもあったけれど、購入してもらえなかった。**もっと押すべきだったのだろうか。**

SOLUTION
53

クローズドクエスチョンで「はい」「買います」と言わせよう

店販品を紹介し、「このお客さまは間違いなく興味を持ってくれている」と感じたら、迷わず、ためらわず、「お買い求めになりますか？」などと、<u>「はい」「買います」と答えられる質問</u>をしよう。

[詳説]

お客さまの思いを聞き取るときは、「髪質で気になっていることはありますか？」など、自由に回答できる「オープンクエスチョン」で話を広げていきます。一方、購入に結び付けたいときは、「はい・いいえ」で答える「クローズドクエスチョン」で意志を確認しましょう。購入の意志を確認する質問は、最初は怖く感じるかもしれませんが、ここへ踏み込めるかどうかで、購入率は大きく変わります。

PROBLEM
54

説得力のある説明に
必要な要素とは？

髪質改善ができて、ホームケアが楽になる、お客さまにぴったりの製品。この製品の良さを**具体的に、しっかり伝えたい!**

アクション

SOLUTION 54

数字を出して具体性を演出しよう!

「絶対にいいですよ」「合いますよ」だけでなく、「私がお客さまへおすすめした方のうち、**92%がリピートしています**」などと具体的な数字を出してみよう。

[詳説]

「良い製品」という事実を、「92%の人が使っている」などと数字も込みで提示することで、その事実に信頼性が加わります。大事なのは、「良い製品」と証明できる事実を、複数伝えていくこと。説得力が段違いに高まります。

PROBLEM
55

説明を聞き流されないための、単純な工夫とは？

「このスタイリング剤、いいですよ!」
新しく導入したスタイリング剤。お客さまの髪質にも合う製品だし、自信を持ってご紹介。でも、お客さまは生返事で、関心を持ってくれていない……。

SOLUTION
55

メーカー名を打ち出そう

最初にメーカー名を入れて「○○**化粧品の**、最後の仕上げに使うスタイリング剤、とてもいいんです。使ったことありますか?」と問い掛けてみよう。

[詳説]

ほとんどのお客さまは、「スタイリング剤を持っているかどうか」は反射的に答えられても、「○○(メーカー名)のスタイリング剤を持っているかどうか」は「どうだったかな?」と一瞬考えます。このように、お客さまに一瞬考えてもらい、関心を引くことによって、続くスタイリング剤の説明も聞いていただけるようになります。

PROBLEM
56

「使ったらどうなるか」が伝わりきらない……

お客さまに使ってほしい店販品があって、しっかり説明したのだけれど、「私にはあまり要らなそうだけど」と**今ひとつピンと来ていない**感じ……。

アクション

SOLUTION
56

おすすめする商品が すでに家にあるように話そう

最初の一言は、店販品がスタイリング剤なら
「朝のスタイリング、どうしています?」
シャンプーなら
「夜のシャンプー、どうしています?」
この質問をすれば、お客さまから、普段の使い方のストーリーを教えてくれる。そのストーリーに、店販品を当てはめて話せば、あとはお客さまが勝手に**「使っている自分」**を想像してくれる。

[詳説]

「朝のスタイリング、どうしています?」と尋ねれば、お客さまは例えば、「ムースを手のひらに乗せて、髪になじませて、くしゃくしゃっとしてからスプレーで固めています」などとストーリーを話してくれます。このストーリーを軸に、操作性が同じなら同じことを、買ってほしい製品で再現すればOK。操作性が異なる場合も、「これを使った場合、明日の朝からはこういうふうにスタイリングしてください」と、お客さまの髪を使って実際の操作を鏡の前ですれば大丈夫。「明日からはこうすればいいんだ」という想像がつくので、購入のハードルが下がります。

PROBLEM
57

店販品を使いたくなる「使い方の説明法」とは?

店販品に少し関心を持ってくださったお客さま。使ってもらうからにはベストな仕上がりにしてほしいので、「まずこうして、次にこうやって、その後こうして、最後にこうすると完璧です」としっかりお伝えしたら、**「なるほど」と言って、だんまり。**興味を失ってしまったみたい……。

アクション

ポイントは3つまでに絞って伝えよう

使い方の説明は簡潔なほどいい。「こうして、こうして、こうやって」と、**キーポイントを3つに絞る**と、お客さまは「それなら私でも使える」と実感し、購入側に心のてんびんが傾く。

[詳 説]

使い方のポイントが4つ以上あると、多くの人は「複雑」「面倒くさい」と思います(携帯電話やスマホ、家電なども、できるだけ3つのアクションで希望の操作ができるようにデザインされています)。また、3つまでならば覚えられても、4つ以上になると、1つは忘れてしまう可能性が高くなり、「(使い方を忘れたから)もう使わなくていいや」という心理になります。伝えるポイントは3つに絞ることが鉄則です。

PROBLEM
58

適切に使ってもらえていないのがネック!?

前回、サロンで実際に使ってもらい、その良さは確認済みで購入したお客さま。今回も当然購入すると思ったら、「毎日使っていない」とのこと。また、1回当たりの使用量も少なすぎるようだ。**それでは良さを実感できるわけない……**。使い方通りに使ってほしいのに。

アクション

使い方を復唱してもらおう

使い方のポイントを伝えたら、**「どう使えばいいんでしたっけ?」**などとお客さまを誘導し、**復唱**してもらおう。脳内に深くインプットされ、正しく使ってもらえるから、次の購入につながっていく。

[詳説]

前項でお伝えした通り、使い方のポイントは、あまり多く伝えると忘れられてしまいますが、3つでも忘れてしまう方がいるのも、また事実。そこで、確実に記憶を定着させるため、復唱を誘導しましょう。また、適切な使い方を伝えることは、66ページで述べた通り、お客さまの「不良在庫」を減らす意味でも重要。正しく使っていただくことが、店販売上を伸ばす大事なコツだといえます。

PROBLEM
59

髪の傷みを指摘したら
不機嫌に!?

パーマやヘアカラーを繰り返して髪にダメージの蓄積したお客さまへ、ホームケア製品を案内しようと、**「パーマやヘアカラーをしているので傷んでいますね」**と指摘したところ、とたんにお客さまが黙り込み、店販品の案内も無視。何が失敗だった?

SOLUTION
59

「施術で傷んだ」ことは
お客さまの口から
言ってもらおう!

こういうときは、**「髪に少し薬剤の負担があるので、ケアしたいですね」**と言おう。するとお客さまは、なぜ傷んでいるかを考え、「そうですよね、私、パーマもカラーもするから」と納得し、店販品の購入に前向きになる。

[詳説]

お客さまは、(美容師が強引に施術したのでなければ)自分自身でパーマやヘアカラーの施術を選択しているのですが、美容師の口から「パーマやヘアカラーで傷んでいる」と聞くと、「あなたが施術したんでしょ」と反感を持ちます。そこで、「薬剤の負担があるから」と原因をワンクッション置いて言うと、お客さまは「(自分が)パーマやヘアカラーを選んだからだ」のように、自分の責任と感じ、ケア製品に目が向き始めます。あとはこのタイミングで「ホームケア製品の品質は最近ぐんと上がっているので、髪もきれいになりますよ」とフォローするだけでOKです。

PROBLEM
60

お客さまが髪質に合わない製品を使っているときの、正解の一言は？

お客さまが今使っている市販品のスタイリング剤。髪質に合っておらず、スタイルも決まっていないようなので、「今使っているスタイリング剤はあまり合っていない感じですね。当店で扱っている××なら〜」とすすめたら、**「ふーん」の一言**で、その後の会話も弾まなくなった。どう言えば正解だったのか？

アクション

SOLUTION 60

「いいスタイリング剤を使っていますね」と褒めた上で、使い方を助言しよう!

まずは、お客さまに心を開いてもらうため、**これまでの選択を褒め**、次に、「もしスタイリングしづらいと感じた場合は、○○のように使うといいですよ」などと**助言しよう**。その目的は**「美容師の助言に従った」**という実績を積むとともに、**「今の製品を使い切ってもらい、次の製品の購入動機をつくる」**ことにある。

[詳説]

「今のスタイリング剤はあまり合っていない」などと、これまでの選択を否定されたら、お客さまはいい気がしませんし、店販品を売りたいという欲も簡単に見透かされてしまいます。最初は褒めるのが鉄則です。また、繰り返しとなりますが、店販品を購入する最も強い動機は、「今使っている製品を使い切ったから」。今使っているスタイリング剤を使い切ってもらうために、使い方をアドバイスしましょう。これは言い換えれば、「美容師の指示に従ってくれている」ということ。つまり、今後は店販に限らず、別の提案にも乗ってもらえる可能性が高まります。

PROBLEM
61

ずっと購入していた人が買わなくなった!?

長く同じ店販品を購入していたお客さま。今回も当然買うものと思いながら、楽しく会話していたら、意外にも「NO」の返事。**何か失礼なことを言ってしまったの**だろうか?

アクション

SOLUTION
61

使用感を必ず尋ねよう!

使用感は尋ねただろうか? もし最近尋ねていないなら、それが「失礼」と取られた可能性が大だ。

[詳説]

お客さまに使用感を尋ね、言葉にしてもらうことで、お客さまは「こんな効果があったんだ」と再確認するとともに、「この美容師は売るためでなく、私の髪を気遣ってすすめている」と実感でき、次も購入しようという気持ちになります。そのため、使用感を尋ねるのは基本中の基本ですが、継続使用されている方には、美容師側の「慣れ」や、「同じことを尋ねても無意味かも」という思いから、尋ねなくなるケースが多いようです。しかし、実際には季節・気温や加齢などによって、同じ店販品を使っていても使用感は変わるもの。使用感は毎回尋ねましょう。

PROBLEM
62

使用感の効果的な尋ね方は？

使用感を尋ねる際、お客さまに**より効果を実感してもらう**には、どんな尋ね方をすればいいだろうか？

アクション

SOLUTION 62

3つの効果を尋ねよう

例えばヘアカラー毛用のシャンプーなら、
「洗い上がりはどうですか?」
「手触りはよくなりましたか?」
「カラーの持ちが良くなったのでは?」
のように、**3つの効果を尋ねよう**。

[詳 説]

3つの効果を尋ね、それに答えてもらうことで、お客さまの頭の中には、3つの購入理由が浮かびます。これがそのまま次の購入動機となってくれます。

PROBLEM
63

使ってほしい店販品を引き立てる提案術とは?

今日のヘアスタイルなら、絶対にこの店販品が合う、と**自信があるとき**には、こんな会話術はいかが?

アクション

SOLUTION
63

おとりの店販品を先に紹介しよう

例えば、かっちり系のムースとふんわり系のムースがあり、ふんわり系を売りたいときは、先にかっちり系を出して、「前回のスタイルなら、こちらが使いやすくていいかも」と紹介。だが、間髪入れずにふんわり系を出して、**「けれど、今日のスタイルなら、こっちのムースがいいね」**と断言しよう。

[詳説]

この会話術は92ページの応用です。比較対象の製品をおとりとして先に見せた上で、後から本命の店販品を出して「これがいい」と言い切ることで、お客さまは「今日のスタイルにはこのムース」と確信できます。なお、上の例で言えば、かっちり系のムースも「前回のスタイルならこちら」「使いやすい」といった長所を伝えているので、別のスタイルにする際に売りやすくなるのもポイントです。

PROBLEM
64

興味のある店販品を尋ねても、実のある答えをもらえない……

店販棚を見ているお客さま。チャンスと思い**「何か興味のある製品は?」**と尋ねたが、「うーん、別に」「見ていただけです」とそっけない。アプローチ、失敗した?

アクション

SOLUTION
64

使いたくないもの・好みに合わないものを尋ねよう

「お客さまは、こういった製品であまり使わないものや、好みに合わないものはありますか？」と尋ねるのが正解。お客さまも答えやすい上、「何を提案したらダメか」が分かります。

[詳説]

あなたも例えば、「好きな食べ物はありますか？」と尋ねられたら、カレーも好き、お刺身も、焼き肉も……と次々に思い浮かんで、考え込んでしまうのでは？ 逆に「嫌いな食べ物は？」という質問なら、「しいたけが苦手です」などと即答できるもの。そこで、お客さまとの会話でも、「あまり使わない（使いたくない）ものってありますか？」のように尋ねると、「ジェルはべとつく感じが……」などと教えてくれます。店販を提案する際は、それを避けて案内すればOK。「この美容師は嫌なものをすすめてこない」という印象がつきます。

PROBLEM
65

「聞き役」のまま店販品を提案できない状態から脱するには？

美容師としてお客さまの「聞き役」に徹するのは、ヘアスタイルをつくる上でも大事なことだと心得ているが、いざ店販となると、こちらから提案していくタイミングがつかめず、結局**聞き役に終始**してしまう……。この状態から脱するには？

アクション

SOLUTION 65

必要な情報が集まった瞬間に お客さまを「患者」にしよう

どんな店販品を提案したらいいか判断できた瞬間が、店販品を提案するタイミング。医者になりきるつもりで<u>「なるほど、それならば○○がおすすめです」</u>と切り込もう。

[詳説]

この構図は、医者対患者の関係と同じ。医者は患者から症状を聞き出し、検査を行ないますが、聞きっぱなし、検査しっぱなしで終わることはありません。情報が集まり、病名が絞り込めた瞬間に、「あなたの病気は○○でしょう」とずばり診断します。これにならって、「この方にはこの店販品をおすすめすればOK」と判断できた瞬間に、提案すると決めておきましょう。タイミングを逃すことは今後ゼロになりますし、お客さまも、美容師であるあなたにヘアの状態を話す意味が、「ただ話すだけ」から「適切な店販品をすすめてもらうため」に変わります。

PROBLEM
66

「超高品質」と伝えたい！

今まで扱ってきた店販品の中でも最高の品質で、値段はちょっと高いが、買ってもらえればお客さまも**絶対に満足してもらえる**と確信。値段に見合った超高品質の店販品、その価値をどう分かりやすく伝える？

アクション

「あなたはこの製品に選ばれた」と伝えよう

使ってほしいお客さまに、**「この商品だけは、失礼ながら紹介するお客さまを選んでいるんです」**と話そう。お客さまは「このサロンの、この製品に選ばれた」と感じ、興味を持ってくれる。

[詳説]

ただし、これだけでは単なる「売るテクニック」で終わってしまいます。そこで、例えば、「実は○○さん（お客さま）と同じような髪の悩みを持つ方がいるのですが、その方のたっての希望で、悩みを解決できる製品を探して、見つけてきたんです。その方はとても満足しており、○○さんも同じ髪質なので、きっと合うと思います」のように、選ばれた裏付けと1セットで伝えてください。

PROBLEM
67

裏口から突破する「ズルい」会話術とは？

他の店販品はときどき買ってくれるけれど、「これこそ使ってほしい」という店販品にはなぜか無関心。そんなお客さまがいるなら、**裏口から**くすぐってみよう。

SOLUTION 67

わざと間違えて興味を引こう

例えばスタイリング剤なら、購入したことがないのは承知の上で、さも持っている前提で**「使ってもらっている○○を毛先にもみ込むだけで決まりますよ」**などと使い方を紹介しよう。
当然、「私、持っていませんよ!?」と驚かれるので、「え、ごめんなさい! ウチで一番人気だし、使ってもらっているものと勘違いしていました。**ぜひこれから使ってくださいね」**と提案してみよう。

[詳説]

お客さまは「持っていないのに?」という意外な驚きがあるから、その後の謝罪と、そこに含まれた「一番人気」「使ってもらっている（他の人は使っている）」、さらに、会話をさかのぼって「もみ込むだけで決まる」というキーワードにも反応してくれます。ただし、間違えられたことに不快になる方もいるので、この技を使う場合は慎重に人を選んでください。

PROBLEM
68

「安い」と思わせる
料金の伝え方は?

カウンセリング時に、「今日は、カットが5,000円、カラーのリタッチが4,500円なので9,500円、それとシャンプー、トリートメント剤が4,500円で1万4,000円、これに消費税を加えて1万5,120円です」とお伝えすると、お客さまは**「案外高いのね」**と苦笑い。本当は、髪の状態が良いので施術を省いたから、普段より安いのに……。

アクション

SOLUTION
68

最初に「一番高い施術をした場合の総額」を伝えよう

「カットと全頭カラー、トリートメントに、ホームケア用のシャンプーとトリートメント剤をお求めいただくと、2万520円です。ただ、今日は髪の状態がいいので、トリートメントはしなくてもいいですし、カラーもリタッチで大丈夫そうです。そうしますと1万5,120円です」のように、**一番高い金額から伝える**と、安いと感じて抵抗なく支払ってもらえる。

[詳説]

カウンセリング時に料金を伝えるのはいいことですが、伝え方に誤りがあります。人は、先に得た情報を基準に、後の情報を判断するため(これを心理学では「アンカリング」といいます)、前ページの例でいえば、9,500円→1万4,000円→1万5,120円と、総額がどんどん上がってき、高いと感じてしまうのです。逆に、上の例でいえば、2万520円→1万5,120円と下がるため、安いと感じます。まして、お客さまは「今日は髪の状態がいいので」と褒められているので、気分良く支払ってくださいます。

PROBLEM
69

余り物のサンプルを
宝物に変える一言!

近々旅行を予定しているお客さま。ちょうどシャンプー&トリートメントのサンプルが余っているので、渡して使ってもらえば気に入るかも。……ただ、**単に渡すだけではプッシュ不足**。そこで、追加の一言!

アクション

SOLUTION
69

「ちょうど1セットだけ残っていましたよ」

同時に、「**サンプルを使って気に入られたお客さまも多いので、安心して持っていってください**」と伝えると、「皆が気に入っているなら間違いないだろう」と感じ、品質への信頼感と関心も増す。

[詳 説]

実はたくさん余っていても「ちょうど1セットだけ」と言うのがポイント。「1セットだけ残っていた貴重なサンプルをもらえた」ことに、まず特別感を覚えます。ここでダメ押しするもう1つのポイント。どう使えばベストなのか、使い方をしっかり説明しましょう(ただし、使い方のキーワードは3つまで)。「使い方も教えてもらえた」という特別感が掛け合わされます。なお、旅行後しばらくたつと、サンプルの使用感を忘れてしまいますので、次回来店時には「旅行、どうでした?」と尋ねて使用感を思い出してもらいましょう。

PROBLEM
70

店販品への信頼感を
確定させる一言!

前回購入してもらったシャンプー剤、「仕上がりがとても良かった!」と**満足してくれた**よう。
このときに、店販品への信頼感を確定させる一言は?

アクション

SOLUTION 70

「そうでしょう？ そうでなければ、おすすめしません!」

お客さまにベストな提案をしたのだから、お客さまが仕上がりに満足するのは当然という体で話そう。お客さまは「どうりで!」と深く納得する。

[詳説]

この一言は、店販だけでなく、カウンセリングや仕上がりのときにも使える万能ワードです。そもそも、美容のプロとして、お客さまにとって常に最も良い提案をしているのであれば、口に出さずとも、頭の中に当然のごとく浮かんでくるフレーズではないでしょうか？ そのフレーズをお客さまへ伝えるだけです。

PROBLEM
71

今回はダメでも次回に買ってもらえる一言!

お客さまのために店販品の使用を提案したにもかかわらず、断られた。「今日買っていけば明日からもっときれいになれるのに」という**内心を抑えて掛けるべき一言**とは?

アクション

SOLUTION
71

「では、また今度にしましょう」

お客さまも、「また今度にしましょう」と言われて、「いえ、次回も要りません」「結構です」などとは返せない。ほとんどの方は「はい」「そうですね」と肯定的な返事をするが、これがポイント。お客さまは、**「肯定的な返事をした」という事実**を曲げたくない心理が働くので、次回、購入の心理的ハードルが下がる。

[詳 説]

行動や発言が一貫している人と、そうでない人とでは、一貫している人の方が信頼されやすいため、人は自分の行動や発言に一貫性を持たせたいという心理が働きます(116ページでもお伝えした通り、これを心理学では「一貫性の原理」といいます)。そこで、「また今度にしましょう」のように、次回の行動を促し、かつ「はい」「そうですね」と答えられる問い掛けをすることで、お客さまを誘導することができます。

PROBLEM
72

「あなたのために店販品をすすめている」ことを伝える一言!

お客さまの中には、これまでの経験から、**「店販品をすすめてくるのは、売上のためでしょ?」** と思っており、店販品を最初から敬遠する人がいる。そんな人の心を少しずつ解かし、「売上のためでなく、あなたのためにすすめている」と理解してもらうための一言とは?

アクション

SOLUTION 72

「できるだけいい状態を保っていただきたいと思っています」

カウンセリング時や施術中などに、時々**「できるだけいい状態を保っていただきたいと思っています」**と話そう。お客さまに「この美容師は、私にいい状態を保ってほしいと思って施術してくれているんだ」という認識ができれば、店販品の提案も「いい状態を保つため」と理解してもらえる。

[詳説]

お客さまが店販品を購入する理由は、「料金が安い」「高品質」「量が多い」……などいろいろですが、美容師がお客さまに店販品をおすすめする、その理由は、「お客さまにできるだけいい状態でヘアスタイルを保ってほしい」という以外にありません。ここが伝わっていないときに、「リーズナブルですので、いかがですか?」「とても使い勝手がいいですよ」とアピールしても、「売りつけようとしている」としか思われません。逆に、「できるだけいい状態を保っていただきたい」という思いがお客さまに伝われば、今は購入に至らなくても、いずれ買ってもらえます。

PROBLEM
73

市販品に浮気した人への一言!

シャンプーを長く購入してくださっていたお客さまが、来店するなり「いつものシャンプー、使い切っちゃったから、ドラッグストアで別のを購入したけれど、案外よくてね」とにっこり。残量を把握し忘れたのは大失敗だけど、**次につなげる一言**は?

SOLUTION
73

「あれ以上の製品はないと思っていたんだけどな」

「あれ以上の製品はないと思っていたんだけどな」と、ぽつりと言ってみよう。お客さまの頭の中は、店販品のことでいっぱいになる。

[詳説]

「市販品に浮気された」ことを一番に残念に思うのは、売上を失った美容師ですが、もし、その気持ちをそのまま「えーっ、私の売上が落ちる!?」などと言えば、お客さまはあきれること間違いありません。そこで、残念の対象を「お客さま」に移し、「(お客さまにとって)あれ以上の製品はないと思っていたんだけど(残念だ)な」とつぶやきましょう。実際、ホームケアがおろそかになって、残念なのですから、うそではありません。なお、ダメ押しのつもりで「市販品は使わない方がいいですよ」などと言えば最悪失客します。お客さまの選択を否定しているからです。

PROBLEM
74

アドバイスだけ仕入れて ドラッグストアで買うお客さまへ、 布石を打つ一言!

「私に合うシャンプーやトリートメントってどんなの?」と質問してきたお客さま。最初に担当してから10年、ついに店販購入か!?と思ったら、続いて出た言葉が**「ドラッグストアで売っているものでいうと」**。内心がっかり。でも、この次に来店した際のタイミングで掛ける、効果的な一言がある。

アクション

SOLUTION
74

「もっといい商品をドラッグストアで買ってくださいね」

お客さまの希望通り、「こういうタイプのものがおすすめです」と教えてあげよう。次回来店時には、「○○を購入した」と教えてくれるはずだ。ここで**「いい選択ですね」**とまずは褒めた上で、「もっとお客さまに合う、いい商品もあるので、ドラッグストアで買ってください」と話そう。**「もっといい商品」を探し続ける**うち、店販品に目が行くようになる。

[詳説]

質問をしてくるということは、①美容師を信頼している、②自分に合う、もっといい製品を探している、ということ。だから、一般市販品の品質に満足できなくなれば、必ずサロンで購入するようになります。このとき、絶対にしてはいけないのは「ドラッグストアで売っているものよりも、うちで扱っている製品の方がいいですよ」と話すこと。「ドラッグストアでいい製品を見つけたい」というお客さまの考えを否定することになるからです。

PROBLEM
75

バージョンアップ前の店販品を売り尽くす一言!

店販品がバージョンアップ。パッケージが刷新され、成分も若干見直されて売りやすくなりそう。……だが、店内にはバージョンアップ前のものが残っている。この売れ残りを、**今その店販品を使っているお客さまに向けて売り切る**効果的な一言とは？

SOLUTION
75

「あなたのために1本残しておきました」

店販棚には、バージョンアップ後の店販品を並べておき、その上で、**「前のバージョンの方が好きかもと思い……」**とバックヤードから持ってくるという演出ができれば、より効果的。バージョンアップ前の売れ残りが「あなたのためのもの」へとクラスチェンジする。

[詳説]

もし、そのお客さまが新しいバージョンを希望するなら、そのまま売ればいいだけ。しかも、この方には「わざわざ前のを残してもらったのに悪かったな」という引け目が生まれるので、別のところでメニューや店販品を売り込むチャンスが生まれます。また、このシチュエーションでは「前のバージョンを買うか、新しいバージョンを買うか」という選択肢となっていることも重要です。この店販品を使っているお客さまに1回ずつ提案可能ですが、在庫が早々に売り切れたなら、次のお客さまからは普通に新しいバージョンの方をおすすめすればOKです。

PROBLEM
76

継続購入を促しながら、店販品への信頼感を高める一言!

前回、店販品を購入したお客さま。その店販品はお客さまに合っているし、継続購入してほしいけれど、残量がまだ結構あるのにすすめてしまうと、押し売り感を与えかねない。もちろん、「どれくらい残っています?」と残量を尋ねれば無難だが、**ここで会話に一工夫しよう!**

「この前の製品を引き続き使ってくださいね」

こう尋ねれば、まだ残っているなら**「はい、分かりました」**、なくなっているなら**「あ、使い切ってしまいました。では、またください」**と答えてくれる。

[詳説]

「この前の製品を引き続き使ってくださいね」という言葉を、お客さまは「私に合った製品だから継続使用をすすめてくれている」「私に合う製品が見つかった！」と受け取るため、押し売り感は全くなく、自主的に継続購入してもらえます。なお、残量を具体的に知りたいときは、「はい、分かりました」という答えをもらった後に「ちなみに今、どれくらい残っています？」と尋ねればOKです。

PROBLEM
77

継続購入するお客さまを「依存購入」へ変える一言!

同じ店販品を継続して購入されるお客さま。気に入ってもらえているのは間違いないが、さらにもうひと押しする一言を添えると、その店販品に**「依存」**させることができる。それはどんな言葉か?

アクション

SOLUTION 77

「これに任せておけば大丈夫」

会話の中で、トリートメント剤なら「髪質維持はこのトリートメント剤に任せておけば大丈夫です」、スタイリング剤なら「朝は何も考えず、このスタイリング剤をパーッと使えば大丈夫です」などと、**「何も考えず」「任せて」+「大丈夫」**というキーワードを伝えよう。

[詳説]

美容師としてうれしいのは、お客さまから「お任せします」と言われたときですが、これをお客さま側から見ると、「この美容師に何も考えず任せれば大丈夫」と依存できる状態だともいえます。これと同様に、お客さまが店販品に対し「（私の美を）お任せできる」という認識を持ってもらえるよう、会話を通じ誘導すると、その店販品はなくてはならないものとなります。

PROBLEM
78

説明してもダメなら……?

このお客さまに、どうしても使ってほしい店販品が あって、何度もいろいろ説明しているけれど、**いつも 上の空**。購入してもらえない。顧客限定のアクション ではあるが、そんなときに効果的な「会話術」は?

アクション

SOLUTION
78

説明をやめて一度突き放そう

いつも言われている説明がなくなると、お客さまは**「おやっ?」「見放された?」**と不安になり、お客さまから関心を持ってくれる。そのときに改めてセールスすればいい。聞く姿勢が段違いになる。

[詳説]

「いつもの」がなくなると、お客さまは「おやっ?」と思います。その「おやっ?」が、店販品に注意を向けるポイントです。なお、もしこの「会話術」に効果がなかったとしても、問題ありません。そのお客さまは、少なくとも今は店販品を必要としていないということ。ならば、46ページで述べたように、必要と思い、購入に至るまで待つことも一つのアクションです。

PROBLEM
79

何も言わなくても店販品は売れる!?

すでに購入しているお客さま限定ながら、購入経験のある店販品を、**セールストークゼロ**で買ってもらう方法とは？

アクション

SOLUTION
79

商品ディスプレーの近くに立とう

お客さまの目線の先に、店販品のディスプレーが入る位置で接客しよう。それだけで、**「そういえば、なくなりかけていたっけ」**と思い出し、自ら購入してくれる。

[詳説]

「この前購入された製品、そろそろなくなるころではないですか?」と尋ねてももちろんいいのですが、その前に、ものは試しで実践していただきたい方法です。こちらから問い掛けると、どうしても少しは「売ろうとする感」が出てしまいますが、これならお客さまが自発的に購入されるので、「売ろうとする感」は全くありません。

PROBLEM
80

「今日から売れる」会話術は?

これは番外編。ここまで読んだあなたなら、店販が売れるアクションがたくさん頭に入っているだろう。そこで、**「ある人」**と**「ある会話」**をすると、今日から店販が面白いように売れていく。その相手とは?

SOLUTION 80

「自分」に向けて「今日から店販が売れる美容師になる」と宣言しよう

自分に宣言し、**意志を固める**と、行動できるようになる。

[詳説]

「目標額は○○万円！」などと具体的な数値目標を上げるとより効果的です。これ、必ず売れます。だまされたと思ってお試しあれ。

第 3 章

まとめ

　他業種の営業マン、例えば自動車の営業マンなどは、単にセールストークが上手なら売れるかというと、そうではありません。むしろ、セールストーク「だけ」上手な人は、警戒されて売れないといいます。売れる営業マンは、その態度や姿勢を通じ、少しずつ地道に相手の信頼を得ていき、「この人からなら購入してもいい」と思ってもらえたところで、最後に初めて商談をするのだそうです。人によっては、商談は5分で十分だとも。

　一方、店販品の営業マンとしての美容師は、どんな立場か。2度以上通ってくださっているお客さまなら、すでに一定の信頼を得ている状態だといえます。新規客にしても、美容技術のプロとしての姿を1時間以上見せることができるのですから、信頼の獲得は容易です。つまり美容師は、自動車の営業マンよりもはるかに有利な立場にあるのです。これを生かさない手はないでしょう。

　さて、ここで第3章の会話術を改めて振り返ってみてください。すると、「こんなときはまず○○と話し、△△と返事がきたら、××と返し、さらに□□と……」などのような複雑な会話はなく、ほんの一言、二言で購入へと導けることが分かると思います。つまり、自動車の営業マンが言う「5分」。元々信頼を得ているため、一言で売れていくのです。ぜひ、「売れる一言」に取り組んでみてください。売上が面白いほど上がります。

第 4 章

「売れる」を
「バカ売れ」に変える
ダメ押しアクション

TAKE ACTION!

⟶

PROBLEM
81

新製品を確実に
バカ売れさせたいなら?

新製品の導入を決めたが、お客さまから**本当に支持してもらえるか**、一抹の不安が……。そんな不安を払拭して「バカ売れ」に導く鉄板のテクニックとは?

SOLUTION
81

お客さまを巻き込んで選んだ「ふり」をしよう

Aという店販品を導入する場合は、類似の店販品Bも用意し、顧客らに「今度、新製品を入れようと思っています。AとBを試しに使ってみて、それぞれ意見を聞かせてもらえますか？」と依頼しよう。お客さまは**「私が導入に関わった製品がお店に並ぶ」**と感じ、即購入してくれる。

[詳説]

意見を聞いてみて、たとえBの方がトータルでは高評価だったとしても、「皆さんの意見でAを選びました」とアナウンスすればOK。お客さまには選ばれた理由は分かりません。また、この際は必ず「AとBでそれぞれ良かったところを教えてください」と長所を尋ねてください。短所を尋ねると、導入の際に「Aは××がよくなかったのに」と悪い印象を持たれてしまいます。「AとBのどちらがいいですか？」という質問もNG。「私はBを選んだのに、Aが導入された」となると関心を失うからです。なお、もしBの評価が圧倒的なら、今度はBの導入を検討するとよいでしょう。

PROBLEM
82

お客さまの「バカ売れ」スイッチを押す、メーカーの「ある情報」とは？

124ページでは、メーカー名でお客さまの注意を引いて売るテクニックを伝えたが、これで満足してはいけない。もう一工夫してメーカーの**「ある情報」**を話すと、「売れる」を「バカ売れ」にすることができる。その情報とは。

SOLUTION 82

メーカーの歴史と企業理念を伝えよう

「この製品のメーカーは50年以上、一貫して『お客さまに最高の美しさを』という理念で製品開発しているんですよ」「このメーカーは最近創業したばかりですが、『人に優しい製品づくり』を打ち出して頑張っています」などと話そう。「店販品のファン」から**「メーカーのファン」**になり、そのメーカーの製品を次々に購入してくれる。

[詳説]

「いつから、なぜ良い製品を開発しているのか」という情報は、店販品単品の信頼からメーカー全体への信頼へと格上げしてくれます。ぜひ積極的に紹介してください。

PROBLEM
83

ファストフードに学ぶ
バカ売れテクニックとは?

前項の続き。メーカーのファンになったお客さまに対しては、古典的だがシンプルなこの一言を使うとバカ売れする。ヒントは「**ファストフード**」。

アクション

SOLUTION 83

「ご一緒に」で シリーズごと提案しよう

店販品を購入したタイミングで、同じシリーズの製品を、例えば「ご一緒にアウトバスはいかがでしょうか？ 同じ発想で開発されているので、相性もとても良いですよ」などと、**ついで買い**をすすめてみよう。これが案外、効果的だ。

[詳説]

同じシリーズの店販品を提案するメリットは、単にその分の売上が得られるというだけにとどまりません。同じシリーズの店販品を複数購入することで、お客さまは「同じシリーズをこれだけ購入しているのだから、私にとって合うシリーズなのだろう」と思い込み（これを心理学では「認知的不協和の解消」といいます）、さらに強い信頼を寄せて、他の店販品も収集（コレクション）したくなります。もちろん、不要な店販品を売り込む必要はありませんが、同じシリーズでお客さまに必要な店販品が複数あるときはおすすめです。

PROBLEM
84

店販品が売れまくるサンプルの使い方とは？（上級編）

58ページでは、サンプルの効果的な使い方を伝えたが、上級編として、「これは絶対に売れる！」と自信のある店販品に対して、少々お金はかかるが**確実に購入へつながる応用ワザ**がある。

アクション

SOLUTION
84

サンプルを2個以上渡し、「1個使い切ったら今使っているものに戻してください」と指示しよう!

途中で元に戻してもらうことがポイント。人は「今より良くなる」こと以上に、**「今より悪くなる」ことに敏感**なため、品質の良さを実感してもらいやすい。

[詳説]

これも効果のあったアクションです。実際に販売したのはトリートメント剤でしたが、ショートの方にはサンプルを3本、ロングの方には5本渡し、「2本使い切ったら、今使っているものに戻してみてください」と話しました。すると、いかに高品質なサンプルを使っていたかを実感してくださり、7割の方から反応がありました。「これ!」という店販品をバカ売れさせたいときに使ってください。

PROBLEM
85

「面倒」はバカ売れの大チャンス!?

店販品の中には、効果は高いが、使い方が複雑だったり、面倒だったりするものがある。だが、**実はこれが**、店販バカ売れの大チャンスともなる。どういうことだろうか?

アクション

SOLUTION
85

「面倒の解消」も一緒に提案しよう

使い方が面倒でも製品化されているのは、その面倒さに見合う効果があるから。ならば、その面倒さを解消できる方法も提案しよう。面倒さが消えて効果だけが残り、かつ、**いろいろな購買を喚起できる。**

［詳説］

使い方は「1液をつけて2分待って、次に……」などと複雑なものが多いですし、そもそも、購入するにはサロンへ行く必要があるというのも面倒です。そこで、「何が面倒か」を分析し、その面倒さを解消する提案を行ないます。仮に「耳に薬剤がかかったらダメ」というなら、イヤーキャップも一緒に提案。チューブ容器が絞りづらいなら、ヘアカラー剤の絞り器も売れます。「サロンでしか買えない」点は、自宅へ郵送すれば解消可能。支払いは次回来店時までツケておけばOK。確実に来店を促せるばかりか、「どうせ送ってもらうなら」と、ついで買いも誘発できます。

PROBLEM
86

来店動機を把握すれば店販品が売れまくる!?

お客さまの来店動機を把握すると、店販品は**最大で3倍売れる**。その理由とやり方とは?

アクション

SOLUTION 86

「3つの来店動機」に合わせて店販品を提案しよう

お客さまの来店動機は、
【希望】イメチェン、就活の成功など
【課題】髪のボリュームアップ、くせ毛矯正など
【メンテナンス】リタッチ、メンテナンスカットなど
という3つに集約される。その来店動機に合わせて適切な店販品を提案すれば、飛ぶように売れていく。

[詳説]

例えば、くせ毛のお客さまなら、くせ毛を「デザインに生かす（希望）」か、「抑える（課題）」か、「扱いやすくする（メンテナンス）」かによって、使うべき店販品は変わります。カウンセリング時に、どんな思い・悩みを持って来店したかを尋ね、来店動機を把握することで、いろんな店販品を提案できます。なお、90ページの例とは異なり、この場合は次回来店時まで同じケアを提案すればよいため、さほど面倒ではありませんが、あまりに多種多様な店販品を売りすぎると、さすがにお客さまも面倒になり、在庫も増えてしまうため、3パターン程度の提案にとどめましょう。

PROBLEM
87

店販品がさらに売れる「シーン提案」とは?

前項の続き。「希望」「課題」「メンテナンス」に加え、もう一つ、**「シーン提案」**を行なうと、店販品は爆発的に売れる。そのシーン提案とは?

SOLUTION 87

「一番きれいでいたいタイミングはいつなのか」かを尋ねよう

一番きれいでいたいタイミングは朝か、昼か、夜なのか、また、職場なのか、スポーツを楽しんでいるときなのか……などを尋ねて、その**シーンに最も適した店販品を提案しよう**。

[詳説]

きれいでいたいタイミングが朝ならば、前夜のうちからツヤを高めるトリートメント&スタイリング剤を。夜ならば、キープ力の高いスタイリング剤をすすめるのもよし、お化粧直しを前提にふんわりムースを提案するもよし。お客さまの来店時の気分が「希望」か「課題」か「メンテナンス」かによって、必要な店販品が変わるのと同様、お客さまが挙げるシーンやシチュエーションも、来店時の気分によって変わるので、そのシーンに応じて店販品を提案しましょう。これはヘアスタイルとセットで提案すると、より効果的です。

PROBLEM
88

ごぶさた客は「バカ売れ」こそサービス?

来店周期の長いお客さまや、久しぶりに来店したお客さまは、バカ売れチャンス! その理由は?

アクション

メンテナンスの店販品を大量に提案しよう

来店周期が長ければ長いほど、**メンテナンス製品は必須**になる。そのための店販提案は、お客さまにとって最上のサービスとなる。

[詳説]

ロングのストレートヘアの方など、来店周期が長いお客さまは、その間の髪質を維持するために大変気を使っています。もし、あなたのお客さまでそういった方がいて、まだ店販品を購入していないなら、メンテナンスの状態を尋ねた上で、ベストな方法を提案するとよいでしょう。また、多忙などで5ヵ月以上来店できなかったお客さまは、髪質もたいていはボロボロになっています。このことはお客さまも分かって来店しているので、「髪質をケアするAかBか」ではなく「AもBも」必要であることをきちんと伝えるべきです。

PROBLEM
89

来店周期の短いお客さまも「バカ売れ」?

では逆に、**来店周期の短いお客さま**は店販が売りづらいのか? そんなことはない!

SOLUTION
89

「美意識が高いですよね」と褒めて店販品を提案しよう

「頻繁に来店してくださって、うれしいです。美意識が高いですね」と褒めることで、お客さまの中に**「私は美意識が高いと美容師から思われている」**という意識が生まれ、その通りにふるまおうとして店販品を次々に購入するようになる。

[詳説]

とはいえ、本当に来店周期の短い方は、それだけ美容にお金も時間もかけたいと思っており、しかも美容師であるあなたを信頼している証拠ですから、恐らくほとんどの方が店販品を購入していると思います(もし店販品を購入していないなら、完全にあなたの「サボり」です)。このテクニックのポイントは、来店周期がやや短い程度のお客さまにも使えること。しかも、「美意識が高い」とくすぐって、その通りにふるまってもらうことで、美意識を育てることができます。

PROBLEM
90

カウンセリング時に加えてもう1回案内して「バカ売れ」を導くコンビプレーとは?

店販品を案内する最高のタイミングは「カウンセリング時(62ページ参照)」だが、応用編として、店販品を「バカ売れ」に導く、**案内の「コンビプレー」**とは?

アクション

SOLUTION 90

カウンセリング時に好奇心をあおり、施術して種明かししよう

例えばスタイリング剤の説明なら、カウンセリング時では、「ふわっとした柔らかさとキープ力が両立しているんです。スタイリングのときに使ってみますので、どういう質感なのか、楽しみにしていてください」などと、**後で「種明かし」することを予告して好奇心をあおろう**。実際に施術するまで、興味（意識）が持続する。

[詳説]

テレビのバラエティー番組などでも、よくテロップで「衝撃の展開は15秒後！」などと、種明かしすることも込みで予告して好奇心をあおっていますが、その手法を応用したものです。カウンセリング時には少しだけ謎を混ぜて説明し、その後種明かしをしてその店販品への納得感を与える、というセットを意識すると、売れ行きが変わります。

PROBLEM
91

特定の店販品以外にも目を向けてもらうには？

スタイリング剤は毎回のように購入するけれど、シャンプーやトリートメントをすすめても「今ので満足しているから」と**やんわり断る**お客さま。信頼は得ていると思うので、うまく誘導していきたい。

アクション

SOLUTION
91

「シリーズ化」して おすすめしよう!

まず、「いつもお使いのスタイリング剤と、とても相性のいいトリートメントがあるんです。スタイリングが簡単に決まりますよ」と案内し、次に「このトリートメントと同じシリーズのシャンプーがこちらです」とすすめてみよう。関心を向ける度合いが段違いだ。

[詳説]

お客さまは、買う理由があるもの（ここではスタイリング剤）は購入しますが、買う理由がないもの（ここではシャンプー・トリートメント）は買いません。そこで、「すでに買う理由があるもの」とリンクさせ、「ひと続きのシリーズ」として紹介すると、お客さまは「このシリーズは全て買う理由がある」と判断し、さらに「シリーズを集めたい」という欲も生まれるため、次々に購入してくださいます。

PROBLEM
92

2本目を買いたくなる誘導法とは？

シャンプーの良さを一生懸命お伝えして、前回購入してくださったお客さまが来店。時期的にも使い切るタイミングなので「今日も買いますか？」と確認したら**「今日は結構です」**。こんな失敗をなくして継続購入に導くには、品質の良さ以外に何が必要だろうか？

アクション

SOLUTION
92

「購入は正しかった」と確信させよう

店販品は高い買い物だからこそ、お客さまは「この購入は正しかった」と思いたい。だから、購入に至ったときと同様に、**購入後のお客さまにも良い情報を提供しよう。**

[詳説]

28ページでも述べた通り、人は失敗を嫌がるため、「自分の正しさが証明できる情報を得たい」という心理があります(これを心理学では確証バイアスといいます)。店販についても同じ。購入後も店販品に関する良い情報をたくさん得て、「購入は間違いではなかった」と思いたいのです。つまり、店販品に関する情報は、未購入者よりも、すでに購入している人の方が、実は高い関心を持っていますし、その情報にも強く反応します(もちろん、「高品質であること」も、「良い情報」の一つです)。継続的な購入を後押しするアクションとして、参考にしてください。

PROBLEM
93

次の購入を後押しする
あなたのアクション!

前回店販品を購入したお客さまに、使用感を尋ねたら、とても満足してもらえた様子。ホッと胸をなで下ろすところだが、ここで**次回購入をダメ押しできる**、ちょっとしたアクションとは?

アクション

SOLUTION
93

美容師であるあなたも一緒に喜ぼう

「使ってもらえて、状態もとても良くなっていて、私も本当にうれしいです！」と、お客さま以上に喜ぼう。お客さまは**「この人にもっと喜んでもらいたい」**と、積極的にリピート購入してくれる。

[詳説]

人は、自分の行為で誰かに喜んでもらえることに、喜びを感じます。ですから、美容師であるあなたが喜べば、お客さまは「店販品の効果が良かったことの喜び」に加え「担当美容師が喜んでいることの喜び」を得ることができ、もっとあなたと店販品を好きになってくれます。

PROBLEM
94

「見えないお客さま」へ 売りまくるには?

44ページで、店販とは目の前のお客さまだけでなく、その家族や友人もお客さまとなり得ることを述べたが、そういった「来店していないお客さま」は、私たち美容師にとって**「見えないお客さま」**でもある。そんな人に向けて、どう売ればいい!?

アクション

SOLUTION
94

お客さまの脳内にいる家族や友人へ案内しよう

「見えないお客さま」が相手でも、最終的に購入し、ひとまずお金を支払うのは、目の前のお客さま。そのお客さまの脳内で、**「あの人だったらこれが必要」**と想像してもらうことが重要だ。

[詳説]

例えば、お客さまに高齢のお母さんがいるなら、「家でお母さんが白髪染めをするとき、ハケをどんなふうに使っているか、ちょっと思い出してみてください」と問い掛けましょう。お客さまは施術風景を脳内に思い浮かべるので、「白髪染めで何か大変そうにしていませんか」と重ねて質問します。すると「そういえば、耳周りを塗るのが大変そう」「生え際はかなり慎重に塗っています」などと教えてくれるので、「でしたらイヤーキャップや頭皮の保護クリームがおすすめですよ。施術が楽になります」と提案していきます。これも実際に試して大成功を収めました。

PROBLEM
95

「同居家族」へ店販品を芋づる式に売る発想とは?

前項の続き。「見えないお客さま」の中でも、同居家族なら大チャンス。例えば、「このごろ主人の髪の毛が薄くなってきて……」とつぶやくお客さまは、**誰がどう悩んでいるのか**。ここが分かればバカ売れのスイッチを手に入れたも同然だ。

「お客さまが持っている家族の悩み」を同時に解消しよう

夫の薄毛が気になっているなら、**お客さま自身も**薄毛を気にし始めている。育毛剤、育毛シャンプー、シャンプーブラシ……と売り放題！

[詳説]

夫の薄毛は、お客さまである奥さまにとっても、「夫婦一緒に出掛けたときに、ちょっと……」という悩みとなっています。また、多くの夫婦は同年代ですから、夫の薄毛が気になるなら、そのお客さまも、「年齢的にそろそろ私も……」と、（たとえ美容師目線ではまだ問題ないとしても）不安に思っています。この悩みや不安を解消する提案は、夫婦とも必要としているので、店販はバカ売れします。これは他にも「ロングヘアの小中学校生の子を持つ親」「体育会系の子を持つ親」など、いろいろ想定できます。どんな悩みを持ち、どう売ればいいか、ぜひ考えてみてください。

PROBLEM
96

ニューズレターで店販購入を上手にあおるバカ売れテクニックとは？

顧客へ定期的にニューズレターを出しているサロン限定ながら、やれば大半の顧客が反応する**一石二鳥の「あおり」のテクニック**。それはどんなもの？

アクション

SOLUTION
96

「この店販品を持っている」という前提で使い方の応用ワザを掲載しよう

「皆さんお使いの〇〇でスタイルづくりがもっと楽しくなるテクニックを伝授します」などと、**読んだ方は当然持っているものという体裁**で使い方を紹介しよう。その店販品を持っていないお客さまは焦り、次回来店時に自ら尋ねてくれる。

[詳説]

これは、148ページの会話術を応用したものです。その詳説でも述べた通り、「面と向かって間違える」という点で、どうしても不快感を与えるリスクが伴いますが、ニューズレターで不特定多数へ向けて発信している体裁なら、その心配はありません。しかも、実際にその店販品を持っている方には、新しい使い方の提案となる上、「アフターフォローをしてくれている」と、より信頼を寄せてもらえます。なお、こうしたメッセージは、新規客には内輪話ととられ、疎外感を与えかねませんが、ニューズレターを送るのは顧客のみですから大丈夫です。

PROBLEM
97

本当のバカ売れを導く
キャンペーン術とは?

7月と12月は、多くのサロンにとって店販キャンペーン月間。店販売上も伸びる……が、本当の意味でバカ売れ状態に導きたいなら、「キャンペーン」の意味を**考え直してほしい**。それは?

アクション

SOLUTION 97

値下げしないキャンペーンを打ち出そう

値下げ販売をすると利幅が低くなるのはもちろん、キャンペーン終了後は**「実質値上げ」**となるため、購入した人に「価格のハードル」をもう一度越えてもらう必要が生じる。値下げせずに店販品を提案していくことが、結果としてバカ売れの近道となる。

[詳説]

店販キャンペーン自体は実施してもよいのですが、値下げ販売をすると、どうしても、その後の店販に支障を来します。また、値下げ販売に頼っていることも、店販の苦手な美容師を生み出す理由ではないかと考えています。「キャンペーン」の本来の意味は、「宣伝・お知らせ」であり、値下げは宣伝の一手法にすぎません。キャンペーン=値下げ販売というのは、本末転倒です。理想は「定価販売でもバカ売れする」こと。こうしたことに取り組めるサロン限定のアクションではありますが、ぜひ検討してください。

PROBLEM
98

両方購入するというお客さまへの、あえてのアクション!

「しっとりタイプ」「さらさらタイプ」の2種類のスタイリング剤を紹介し、「シーンに応じてどちらを使ってもいいですよ」と話したら、**「両方ちょうだい」**とお客さま。ありがたいけれど、来店周期から考えて、次回来店時はどちらも半分以上残っていそう。こんなときの最適なアクションとは?

アクション

SOLUTION
98

あえて片方は「おあずけ」しよう!

お客さまの「在庫」を聞き出し、その中に代替できる製品があるならば、**「そちらを使い切った後で大丈夫ですよ」**と提案しよう。お客さまに「店販品を売りたいだけの美容師ではない」という認識が生まれ、さらに信頼される。

[詳説]

つい勢いで購入したものの、後で冷静になって後悔するというお客さまは結構多く、また、66ページでもお伝えしたように、たとえいずれ使うとしても、店販品の在庫が増えれば増えるほど、サロンへの不信感も増していきます。そこで、あえて片方は「おあずけ」して1種類だけ販売するのも「バカ売れ」のテクニック。その店販品は、お客さまが一度は「購入したい」と思ったのですから、いずれ必ず売れますし、「次はあの店販品を使える」という期待感も持ってもらえます。

PROBLEM
99

完全に信頼を得たお客さまへの、とどめのアクション!

「この方は私を信頼しきってくださっている」と確信できたなら、「店販バカ売れ」の総仕上げ。ここで行なうべきアクションは、ただ一つだ。

アクション

SOLUTION
99

お財布の限界まで提案しよう!

信頼を寄せてくださったお客さまには、店販もメニューも、美しくなれる**最大限の提案**をすべき。それを購入するかしないかの判断は、お客さまに任せればよい。

[詳説]

お客さまは、普段はできるだけ安い買い物をしていますが、本当に気に入った場所では、高額を支払ってでも、その金額に見合った価値を得て、満足・感動したがっています。サロン・美容師に信頼を寄せきったお客さまは、「ここは高額を支払ってもいい場」と感じており、乱暴に言えば、支払い可能な限度額まで支払いたいと思っています。その思いに、店販を通じて応えましょう。実際、JEWELにも、「ここに来るといろいろ買わされちゃって、イヤなのよ！」という言葉とは裏腹に、笑顔でお会計をするお客さまが大勢います。

PROBLEM
100

バカ売れアクションを
永続させる「アクション」とは?

「バカ売れアクション」を実践し、あなたは成果を上げることができただろうか? できた人も、そうでない人も、今後ずっとバカ売れ状態を保つために、絶対にしてほしいアクションがある。それは何か?

SOLUTION
100

「アクション」を検証しよう

仕掛けや行動、会話を変えたことによって、どんなお客さまが反応し、また反応しなかったのか。本当に行動を起こしたのか。サボっていなかったか。想定していた行動と、実際の行動との間にずれがなかったか。こうしたことを**検証して次のアクションを決めよう**。

[詳説]

これはいわゆるPDCA（計画・行動・評価・改善）ですが、本書も実際、私自身で行動し、実行して、成功・失敗を検証して次の行動に生かすことを繰り返した、PDCAの結晶です。本書に掲載した多くのアクションは、他のサロン・美容師でも使えるものだと自負していますが、もしサロンに合わないアクションがあったら、それは切り捨てて、ぜひ新しいアクションを生み出してください。

第 4 章

まとめ

　この章では、すでに店販品を1個購入している方へ、2個、3個と購入してもらう方法や、1人が購入している方法を、2人、3人と購入してもらえるテクニック、その他、取り組めるサロンは限定的ではあるものの、取り組めたなら大きな効果が上がるアイデアなどを紹介しました。これらの多くは、あなたのサロンでも通用するはずです。が、これらを超えて、もっとバカ売れするための方法は、実はあなたのサロンの中にたくさん転がっています。

　例えば、「アシスタントのA君が、Bさんにシャンプーを1本売った」というエピソード。何気ない日常の風景ですが、この中に実は、A君も気付いていない、誰にでも使えるバカ売れテクニックが潜んでいるかもしれません。このテクニックを拾うのが、PDCAです。A君の行動にもしバカ売れの芽を見つけたなら、その方法を皆で実行し、その成果を検証して、使えるとなれば、さらに集中・応用して広めていく。この流れができれば、あなたのサロンの店販品はもっともっとバカ売れし、そしてお客さまも「髪の状態がよくなった」という感謝と、「このサロン・この美容師に全て任せれば安心」という信頼を寄せてくれます。

　……そう、店販バカ売れとは、サロンや美容師のためではなく、最終的にはお客さまのためになるということを、ぜひ忘れないでほしいと思います。

美容師なら、初見のお客さまでも、現在の髪質の状態はもとより、これまでどんな施術をしてきたのかも分かりますし、なじみのお客さまなら、その方の好みまで把握できていると思います。髪質も好みも分かるのだから、その方の美を保つために最適な店販品が何なのかも確実に分かるはず。なのに、店販をためらう美容師はとても多いのが現実です。

　しかしそれは、実は過去の私の姿でもあります。サロンに勤務していた時代、トップスタイリストの先輩が、自信を持って提案し、技術売上だけでなく店販品も「バカ売れ」していましたが、私は店販に自信が持てない、「売れない」美容師でした。売れないと思い込んでいるから、売らない。売らないから、売れない。そんな悪循環にはまっていたのです。一番ショックだったのは、担当するお客さまから1ヵ月に3人、立て続けに「髪の毛が傷んだので、ショートにしてほしい」と言われたことです。しかも、その方たちの髪にダメージが蓄積していることは、私にも分かっていたのに……。そのホームケアの提案がこれまでできていなかったから、お客さまは毎日扱いづらさを感じ、ショートにしてくれと言ったのだ、と。

この経験が、店販に本気で取り組むきっかけとなりました。書籍などで得た知識を私なりにサロンで応用し、試行錯誤を繰り返しながら約13年間、積み上げてきた「アクション」が本書です。私もそうでしたが、売れない理由のほとんどは思い込みです。本書がその思い込みを壊すきっかけとなり、自信を持って提案した店販品がお客さまを美しくし、そしてお客さまの笑顔へと結び付くのであれば、これ以上の喜びはありません。

　最後になりますが、いつもJEWELをサポートしてくださる小宮大輔さん、大野敦士さん。お二方のおかげで『1人サロンの繁盛法則』に続く2冊目を世に出すことができました。編集担当の古田領一さん、心から感謝いたします。そのほかにも、本書の執筆に際しては、多くの方にお世話になりました。ありがとうございます。

　そして、JEWELをごひいきにし、適切で厳しいけれど、温かいアドバイスをくださるお客さまに、この場を借りて厚く御礼申し上げます。私の持てる技術と知識、そして最高の店販品をご提供し、これからもご恩返ししていく決意です。

☐ 1人サロンを開業したい
☐ 1人サロンへの転換を検討している
☐ 1人サロンをもっと繁盛させたい
　あなたへ贈る

1人サロンで2000万円を売り上げる「新常識」

ロングセラー!!

1人サロンの繁盛法則

四六判 160ページ
定価 本体1,800円＋税
女性モード社 刊

磯崎康一 著
[JEWEL]

「1人サロンを開くなら、美容師として持っている今までの固定観念は全て捨ててください」

スタッフゼロ・広告宣伝費ゼロ・キャンペーンゼロで年2000万円を売り上げるJEWEL・磯崎康一氏が、「来店周期を短縮しない」「次回予約をおすすめしない」「店販キャンペーンをしてはいけない」…など、1人サロンならではの「非常識な」ノウハウを全て公開！

第1章　1人サロンの「ある」と「ない」
第2章　1人サロンの運営計画
第3章　1人サロンの集客
第4章　1人サロンの単価
第5章　1人サロンのサービス
第6章　1人サロンの店販

● 著者

磯崎康一 いそざき・こういち

1973年東京都生まれ。2010年、東京・青山にJEWELを開業。翌年よりスタッフの雇用をやめ、1人サロンのメリットを最大限に生かした経営に注力。広告宣伝費ゼロ、値引きゼロ、キャンペーンゼロで、年2000万円を売り上げている。そのノウハウをまとめた初の著書『1人サロンの繁盛法則』(小社刊)は大ヒットを記録した。

店販バカ売れ100のアクション

2018年10月15日　初版発行

定　価	本体2,200円＋税
著　者	磯崎康一
発行人	寺口昇孝
発行所	株式会社女性モード社
	http://www.j-mode.co.jp/
	東京／〒161-0033　東京都新宿区下落合3-15-27
	tel.03-3953-0111　fax.03-3953-0118
	大阪／〒541-0043　大阪府大阪市中央区高麗橋1-5-14-603
	tel.06-6222-5129　fax.06-6222-5357
印刷・製本	吉原印刷株式会社
ブックデザイン	西垂水 敦(krran)

©Koichi Isozaki 2013
Published by JOSEI MODE SHA Co.,Ltd.
Printed in Japan.
禁無断転載